# 수평선과 갈매기

국제PEN한국본부 창립70주년기념 산문선집 18 　　이한재 수필집

International PEN-Korea Center **pen**

교음사

## 국제PEN헌장

국제PEN은 국제PEN대회 결의에 따라 다음과 같이 헌장을 선포한다.

1. 문학은 각 민족과 국가 단위로 이루어지나, 그 자체는 국경을 초월하여 그 어떤 상황 변화 속에서도 국가 간의 상호 교류를 유지해야 한다.
2. 예술 작품은 인간의 보편성에 바탕을 두고 길이 전승되는 재산이므로 국가적 또는 정치적 권력으로부터 간섭을 받아서는 안 된다.
3. 국제PEN은 인류 공영을 위해 최대한의 영향력을 발휘해야 하며 종족, 계급 그리고 민족 간의 갈등을 타파하는 동시에 전 세계 인류가 평화롭게 살아갈 수 있다는 이상을 실현하기 위하여 최선을 다해야 한다.
4. 국제PEN은 한 국가 안에서나 또는 세계 여러 나라에서 사상의 교류가 상호 방해 받지 않는다는 원칙을 준수하며, PEN 회원들은 각자 국가나 지역사회에서 어떤 형태로든 표현의 자유를 억압하는 데 반대할 것을 선언한다. 또한, PEN은 출판 및 언론의 자유를 주창하며 평화시의 부당한 검열을 거부한다. 아울러 PEN은 정치와 경제의 올바른 질서를 지향하기 위해 정부, 행정기관, 제도권에 대한 자유로운 비판이 필수적이고 긴요하다는 사실을 확신한다. 이와 함께 PEN 회원들은 출판 및 언론 자유의 오용을 배격하며, 특정 정치 세력이나 개인의 부당한 목적을 위해 사실을 왜곡하는 언론 자유의 해악을 경계한다.

이러한 목적에 동의하는 모든 자격 있는 작가들, 편집자들, 번역가들은 그들의 국적, 언어, 종족, 피부 색깔 또는 종교에 관계없이 어느 누구라도 PEN 회원이 될 수 있다.

## 국제PEN한국본부 연혁

국제PEN본부는 1921년에 창립되어 2022년 3월 현재 145개국 154개 센터가 회원으로 가입돼 있는 세계적인 문학단체이다. 국제PEN본부는 영국 런던에 본부를 두고 있으며 특히 UN 인권위원회와 유네스코 자문기구로 현재 전 세계 문인, 번역가, 편집인, 언론인들의 표현의 자유를 옹호하고 인권 문제를 다루고 있는 단체이다.

한국PEN은 1954년 9월 15일 변영로·주요섭·모윤숙·이헌구·김광섭·이무영·백철 선생 등이 발기하여 같은 해 10월 23일 당시 서울 소공동 소재 서울대학교 치과대학 강당에서 창립총회를 열고 국제펜클럽한국본부로 공식 출범하였다. 국제펜클럽한국본부는 그 이듬해인 1955년 6월 비엔나에서 열린 제27차 세계대회에서 정식회원국으로 가입하고 그해 7월에 인준을 받아 오늘에 이르렀으며 2022년 3월 현재 회원 수는 4,000여 명이다.

사)국제PEN한국본부(International PEN Korea Center)는 역사와 권위를 자랑하는 국제적 문학단체로서 회원들의 양심과 소신에 따른 저항권과 표현의 자유를 옹호하고 구속 작가들의 인권문제를 다루며 한국의 우수 문학작품을 번역, 세계 각국에 널리 알리고 우리 민족의 고유문화와 전통문화 등을 해외에 소개하는 한편 세계 각국과 문화 교류 및 친선을 도모하는 데 주도적 역할을 담당하고 있다.

| | |
|---|---|
| 1954. 10. 23. | 국제펜클럽한국본부 창립 |
| 1955. | 제27차 국제PEN비엔나대회에서 회원국 가입 |
| | 『The Korean PEN』 영문판 및 불어판 창간 |
| 1958. | 국내 최초 번역문학상 제정 |
| 1964. | PEN 아시아 작가기금 지급(1970년 제6차까지) |
| 1970. | 제37차 국제PEN서울대회 개최(60개국 참가) |
| 1975. | 『PEN뉴스』 창간. 이후 『PEN문학』으로 제호 변경 |
| 1978. | 한국PEN문학상 제정 |
| 1988. | 제52차 국제PEN서울대회 개최 |
| 1994. | 제1회 국제문학심포지엄 개최 |
| 1996. | 영문계간지 『KOREAN LITERATURE TODAY』 창간 |
| 2001. | 전국 각 시도 및 미주 등에 지역위원회 설치 |
| 2012. 9. | 제78차 국제PEN경주대회 개최 |
| 2015. 9. | 제1회 세계한글작가대회 개최 |
| 2016. 9. | 제2회 세계한글작가대회 개최 |
| 2017. 9. | 제3회 세계한글작가대회 개최 |
| 2018. 11. 6~9. | 제4회 세계한글작가대회 개최 |
| 2018. 8. 22. | 정관개정에 의해 국제PEN한국본부로 개명 |
| 2019. 2. | PEN번역원 창립 |
| 2019. 11. 12~15. | 제5회 세계한글작가대회 개최 |
| 2020. 10. 20~22. | 제6회 세계한글작가대회 개최 |
| 2021. 11. 2~4. | 제7회 세계한글작가대회 개최 |
| 2022. 11. 1~4. | 제8회 세계한글작가대회 개최 |

# 국제PEN한국본부 창립 70주년
# 기념 선집을 발간하며

　국제PEN한국본부는 1954년에 창립되고 이듬해인 1955년 6월 오스트리아의 빈에서 열린 제27차 국제PEN세계대회에서 회원국으로 가입되었다. 초대 이사장은 변영로 선생이 맡고 창립을 주선했던 모윤숙 시인이 부이사장을 맡았다. 이하윤, 김광섭, 피천득, 이한구 등과 함께 창립의 중심 역할을 했던 주요섭이 사무국장을 맡았다.
　6·25한국전쟁이 휴전된 지 겨우 1년이 되는 시점에 이루어 낸 국제PEN한국본부의 창립은 매우 깊은 의미를 담는 거사였다. 그동안 국제PEN한국본부는 세 차례의 국제PEN대회와 8회의 세계한글작가대회를 개최하며 수많은 국내외 행사를 주최해 왔다. 이에 내년 2024년에는 창립 70주년을 맞이하게 되어 그 기념사업의 일환으로 PEN 회원들의 작품 선집을 발간하기로 하였다.
　여러 가지 기념사업을 진행하지만 회원들의 주옥같은 작품집을 선집으로 집대성하여 남기는 일은 가장 중요하고 의미 있는 일이라 생각한다.

 시와 산문으로 구성되는 선집은 우리 한국문학사의 중요한 족적을 남기는 귀중한 역사 자료로서의 가치를 갖게 되리라고 믿으며 겸허한 마음으로 70주년을 자축하는 주요 사업으로 진행하게 된다.
 참여해 주신 회원들께 감사하며 어려운 여건 속에서도 기꺼이 출판을 맡아 준 기획출판 오름 김태웅 대표와 도서출판 교음사 강병욱 대표에게 심심한 감사를 드린다.

2023년 3월
국제PEN한국본부 이사장 김용재

## 책을 내며

누구에게나 꿈이 있게 마련이다. 그 꿈은 우리 앞에 언제나 대기하고 있으나 그것을 받아들이고 이루려는 방법이 각기 다를 것이다.

학창 시절부터 동경했던 문학에 대한 푸른 꿈을 간직했으나 직장생활 때문에 가까이할 수 없었기에 정년 무렵부터는 나름대로 문학 관련 책도 많이 읽고 글도 적지 않게 썼다. 시와 수필로 각기 등단도 하고 국내외 유명 문예지에 발표도 하며 시집 7집과 수필집 2집을 한글과 영어로 출간했으나 아직도 부족하여 써야 할 내용이 많은 것 같다. 더 읽고 배우며 더 쓰고 싶은 이유다.

이번에는 '국제PEN한국본부 창립70주년기념 산문선집'에 참여하며 새로운 수필집 3집을 출간했다. 나의 글이 바쁘고 고달픈 세상살이를 긍정적인 마음으로 밝고 넉넉하게 해주면 좋겠다. 지치고 힘들어하는 서민들에게 소망의 꿈을 안겨주면 좋겠다.

국제PEN한국본부 창립70주년기념 산문선집를 주관하고 있는 국제PEN한국본부와 교음사 모든 분의 노고에 감사의 말씀을 드린다.

2024년 4월
저자 이 한 재

차례

▸ 책을 내며

## 1. 꽃잎

작은 꿈 … 20
다양과 역동의 도시 … 25
꽃잎 … 30
편리미엄 누리기 … 35
마음의 거울 … 40
향내와 냄새 … 44
멀고도 가까운 곳 … 48
숨 쉰다는 것 … 53
시행착오 … 57
호기심을 따라서 … 62
취나물 캘 무렵 … 66

## 2. 터 잡기와 기다림

꽃잎에 써서 묻는 안부 ⋯ 72

노블레스 오블리주 ⋯ 76

또 다른 내일 ⋯ 80

일손과 국제화 ⋯ 84

터 잡기와 기다림 ⋯ 88

문학기행 여담 ⋯ 93

생태계를 보면서 ⋯ 97

아르바이트 ⋯ 102

생활 속의 반려식물 ⋯ 106

우두한 생각 ⋯ 110

쌀밥 ⋯ 114

보름달 추억 ⋯ 119

## 3. 영혼 속의 흔적

호텔 풍속 … 124

파도 … 129

호칭하기 … 134

AI에 묻다 … 138

건강과 치아 … 143

고구마 추억 … 147

손목시계 … 152

영원 속의 흔적 … 156

시나브로 멀어져 가지만 … 160

고향과 타향 … 164

온고지신 … 168

## 4. 마음먹은 만큼 행복하다

수평선과 갈매기 … 174
궁하면 통한다 … 178
자기 알기 … 183
눈으로 말하다 … 188
정겨움과 낭만을 맛보며 … 192
비유와 은유 … 196
문학작품 번역의 다양성 … 201
마음먹은 만큼 행복하다 … 206
사랑의 온도는 몇 도나 될까? … 210
한복을 입으며 … 214
이것이냐 저것이냐 … 219

이한재의 수필세계 / 오경자 … 224

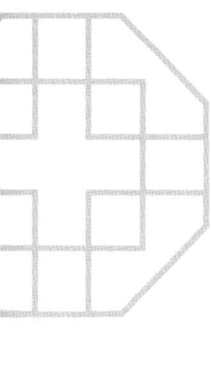
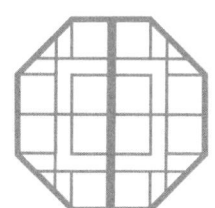
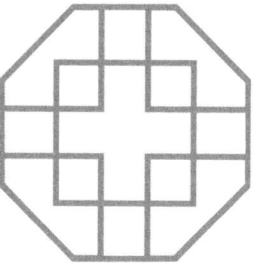

# 1

## 꽃잎

## 작은 꿈

　　대부분의 사람들은 꿈을 갖고 있다. 속으로 어떤 일이 이루어지기를 은근히 바라거나 뜻을 세우는 것을 '꿈꾸다'라고 말하고 사전적으로 잠자는 동안에 깨어 있을 때와 마찬가지로 여러 가지 사물을 보고 듣는 정신 현상을 꿈이라고 한다. 그러나 꿈이란 말은 우리 일상생활에서 여러 가지 의미로 사용될 뿐만 아니라 비유적으로도 많이 사용되고 있다. 실현하고 싶은 희망이나 이상을 꿈으로 표현하기도 하지만 실현될 가능성이 아주 적거나 전혀 없는 헛된 기대나 생각을 표현할 때도 사용된다. 꿈을 비유적으로 이르는 말이나 속담이 생각보다 많은 것 같다. 속담 '꿈을 꾸어야 임을 본다'는 어떤 일이 이루어질 수 있는 환경이나 여건이 마련되지 아니한 경우를 비유적으로 이르는 말로 무엇인가를 해야 이루어질 수 있다는 의미다.

젊은 시절 TV에서 본 어느 노부부의 아주 작은 꿈에 대한 이야기는 지금도 잊히지 않는다. 1970년 초반쯤 시골 어느 초등학교 정문에 점심시간 무렵이면 하루도 빠짐없이 허름하게 보이는 노부부가 하굣길에 어린 학생들을 기다리고 있었다. 그 노부부는 6·25전쟁 때 외아들과 함께 북에서 커다란 꿈을 안고 월남하였다. 전쟁의 폐허 속에서도 지방 중심도시에 정착을 잘하여 아들은 유명대학에 진학하였다. 그곳에서 같은 반 여자 친구를 만나 결혼하여 부부학생이 되었고 노부부와 함께 한집에서 살게 되었다. 하루하루 사는 것이 너무나 즐겁고 행복해서 모든 꿈이 이루어진 것 같았다. 아들 며느리가 정답게 손을 맞잡고 다니는 등하굣길을 보는 것은 커다란 즐거움이었다.

  그러나 아들은 재학 중에 군 복무를 하다가 불의의 사고로 전사하게 된다. 너무나 큰 충격에 노부부는 순식간에 모든 꿈이 물거품 되었다고 생각한다. 청상과부가 된 며느리도 떠나고 남쪽에 친인척이 전혀 없는 외로운 노부부는 꿈과 희망도 모두 사라졌기에 하루하루 사는 것이 무의미하며 고통이라고 생각하였다. 그렇게 십여 년을 살다가 며느리가 다른 남자와 결혼해서 딸을 낳아 시골 초등학교에 다닌다는 소식을 풍문으로 듣는다. 학생 이름이 단지 순이라고만 들었으나 호기심으로 학생들 방과할 무렵에 무작정 기다리며 순이를 만나보고 싶어 한다. 자기들과 아무런 관계가 없지만 외롭고 쓸쓸한 노부부에게 그래도 무엇인가 하고 싶어 하는 꿈이 있어 조금이라도 위로가 되고 있는 것 같다면서 TV 속의 이야기를 마무리했다.

　훗날 그 아이와 만남이 이루어졌는지 알 수 없지만 노부부는 꿈을 가졌기에 만남을 상상하면서 잠시라도 행복을 느낄 수 있었을 것 같다. 그 노부부가 과거에 행복했던 것에만 집착하고 현재의 시점에서 사소한 꿈이라도 갖지 못했더라면 고독한 나날은 더 심화되었을지 모른다. 일반적으로 과거의 행복에 감사하며 '나는 행복했었다'라고 말할 수 있지만 그것이 현재를 행복하게 해 주는 것은 아니다. '나는 행복하다'라고 표현하려면 그 무엇인가 크든 작든 간에 꿈을 간직하고 그 꿈을 성취하기 위하여 정진해 나가는 그 무엇이 있어야 진정한 행복이라고 말할 수 있을 것이다. 그렇기에 대부분의 사람들은 꿈을 갖고 있는 듯하다. 어쩌면 이 꿈을 향해 나아가는 과정을 취미생활이라고 표현할 수도 있을 것이다. 인간은 본디 작은 소망이라도 정진하고 싶어 하는 그 무엇을 타고난 지도 모른다.

　지난해 늦가을 우리집 아파트 베란다에서 화분에 튤립의 구근을, 그리고 지난달에는 허브 등의 꽃씨를 심었다. 매년 그맘때는 많은 화분 중에서 십여 개의 화분을 분갈이하고 튤립이나 허브 등의 구근과 꽃씨를 심는다. 꽃씨나 구근을 보관하였다가 심기도 하지만 좋은 것은 인터넷을 통해서 구매하여 심은 경우가 더 많다. 심을 때는 잡다하고 귀찮은 일도 많지만 오는 봄철 내내 긴 목을 꼿꼿이 세워 고고하고 도도한 아름다운 핑크와 샛노란 튤립의 환한 웃음을 떠올리며 즐거움으로 가꾼다. 추운 겨울이라고 거실에만 계속 놔두지 아니하고 어쩌다 화창한 날은 흙밖에 보이지 않은 화분을 베란다에 옮겨서 햇볕을 쏘여 주고 밤이면 화분 위에 신문지를 덮어주거나 거실로 옮겨 놓는다. 간단한 일 같지만, 집안일 하며 바쁜 중에도 아내가 정성스레 가꾸는 것을 보면 자식들 유아 시절에 기저귀를 갈아가며 키우는 것과 비슷한 것 같다.

거실에는 겨울 내내 실내 천연 가습과 공기 정화 또는 미세먼지까지 제거한다는 아레카야자, 스파티필름, 구즈마니아 등 수십 종류의 사시절 푸른 잎 화분들이 있다. 또한, 스프링파루와 동양란 화분에서 흰색과 핑크색의 꽃망울을 터트리며 겨울 동안 계속해서 화사하고 아름다운 꽃을 피운다. 그러나 그것들보다는 아무 쓸데없어 무의미해 보이고 윗부분이 거무데데하고 볼품없는 흙 화분들을 정성껏 가꾸는 것은 작은 꿈이 있기 때문이다. '사람은 행복하기로 마음먹은 만큼 행복하다.'라고 한다. 아무리 사소하고 하찮은 것도 감사할 줄 알 때 행복이 찾아온다고 한다. 행복은 마음에서 나오며 누가 가져다줄 수 있는 것이 아니고 물질로 되는 것도 아니며 오직 내가 행복하다고 느끼는 순간에만 행복해진다고 한다.

이 지구상의 70억도 넘는 하고많은 사람들 외모는 넓은 의미에서 엇비슷한 것 같지만 그들 가슴속에 간직하고 있는 생각이나 꿈은 그 숫자보다 훨씬 많고 다양할 것이다. 다만 그 생각과 꿈을 가슴속에 어떻게 뿌리고 가꾸며 기쁨으로 환희와 결실의 순간들을 그리면서 작은 행복이라도 느끼는 것은 각양각색일 것 같다. 환하고 밝게 웃는 꽃들과 눈을 맞추며 기쁨을 만끽하는 날들이 기다려진다.

(2022. 3. 3)

# 다양과 역동의 도시

 요즘 미 연준 금리 변동이 세계적인 관심사다. 지난 1월 31일 미국 중앙은행 연방준비제도(Fed·연준) 의장이 기준금리를 동결했다. 지난해 9월과 11월, 12월에 이은 4번째 기준금리 동결이다. 미국 금리 변동에 따라 세계 각국의 금리가 영향을 받고 있어 일반 국민은 물론 중소기업과 서민들의 대출 이자까지도 크게 영향을 받는다.
 뉴욕시 맨해튼 남부의 월스트리트 11번가에 위치한 뉴욕증권거래소의 다우존스 지수 등의 종합주가지수는 전 세계 증시에 많은 영향을 미친다. 뉴욕증권거래소는 오전 9시 30분에 주식거래 시작을 알리는 종소리가 요란하게 울리며 주식거래가 시작된다. 월스트리트에는 돌진하는 황소(Charging Bull) 동상이 있는데 주식시장에서 황소는 주가의 활황을 의미하며 주식 강세장을 불마켓(Bull Market)

으로도 부른다. 황소가 뿔을 밑에서 위로 저돌적으로 힘차고 활발하게 확 들어 올리는 역동성을 표현한 것이라고 하며 월스트리트 금융가는 어느 때나 불마켓을 기대한다고 한다.

뉴욕만큼 전 세계인이 관심을 가지며 세계 각국의 인종이 서로 섞여 생활하는 도시도 드물 것이다. 그 가장 상징적인 유엔 본부가 있고 뉴욕에는 현재 193개 회원국 직원과 그 가족들이 체류하고 있다. 유엔 본부에 펄럭이는 회원국의 국기가 각기 다르듯이 언어나 사용하는 문자도 공용어 외에는 각기 다르다. 1979년 가을에 뉴욕 출장시 유엔 본부를 처음 방문한 후 코로나 이전까지도 여러 차례 갔는데 그때마다 건물 앞에 늘어선 각 회원국의 국기가 우리나라 태극기처럼 고유한 특성이 있었다.

뉴욕 타임스스퀘어 등 번화가를 거닐면 여러 가지 모양의 의상과 헤어스타일을 볼 수 있다. 세계 각국의 다양한 나라가 상주하고 있으니 관련국에서 발생한 사건들도 유엔을 통해서 세계적인 뉴스로 이어져 국내에서도 수시로 접하게 된다. 다인종이 거주하는 뉴욕은 자연스럽게 세계 문화를 접하고 배울 기회도 많다.

뉴욕은 뉴욕주, 뉴욕시, 뉴욕으로 호칭할 때 헷갈리기도 하지만 행정적으로 다소 차이가 있다. 뉴욕주는 행정적으로 주(State)에 해당한다. 미국은 50개 주로 구성되었다. 뉴욕주에 있는 뉴욕시는 도시(City)에 해당하는 5개 구역으로 맨해튼(Manhattan), 브루클린(Brooklyn), 퀸스(Queens), 브롱스(Bronx), 스태튼 아일랜드(Staten

Island)로 이루어져 있다. 또한 뉴욕(New York)은 일반적으로 뉴욕시의 일부 지역인 맨해튼 섬(Manhattan Island)을 가리킨다. 월스트리트, 타임스스퀘어, 초고층 빌딩뿐만 아니라 센트럴파크 등도 맨해튼 섬에 위치하므로 거주민 생활비가 높아서 그곳에 근무하는 직장인들은 인근 뉴저지주 같은 곳에서 자동차나 전철 등으로 출퇴근하는 경우가 많다. 국내 기업의 뉴욕 주재원들도 대부분 그렇다.

타임스스퀘어는 뉴욕 맨해튼의 대표적 명소로 브로드웨이와 7번가가 교차하는 지점으로 광고판으로 가득한 광장과 뮤지컬, 연극 공연장들이 있는 지역을 통칭한다. 타임스스퀘어가 월스트리트와 함께 거의 매일 세계인의 관심을 끄는 것은 그곳에 수많은 영화관, 공연장, 호텔, 레스토랑 등이 모여 있어 하루에도 300만 명 이상의 관광객으로 북적이고 자동차도 많아 혼잡스럽지만 뉴욕의 분위기를 한껏 느낄 수 있기 때문이다. 밤이면 화려한 네온사인의 거리로 변신하는 것도 큰 볼거리다. 또한, 연말의 타임스스퀘어는 한층 바쁘고 화려해져 매년 12월 마지막 밤의 새해맞이 카운트다운 행사는 현지인과 관광객 모두에게 인기가 아주 많은 곳이다. 자정을 넘어 새해가 되면 사람들은 일제히 '해피 뉴 이어'를 외친다. 타임스스퀘어 광장의 거대한 광고판에는 삼성전자 등 세계 거대 기업의 광고가 자주 방영되어 서울에서도 티브이 등으로 자주 볼 수 있다.

타임스스퀘어는 방문할 때마다 문자 그대로 다양성과 역동성이 금방 느껴지곤 했다. 날로 발전하는 서울도 이런 모습으로 더욱 새로워지면 좋겠다. 20여 년 전 뉴욕 근교에 있는 Hudson Valley Writers Center에서 2학기 동안 시 창작 관련 수업을 받을 때도 다양한 민족의 문학 동호인들과 함께 수강하며 수십 편의 영시를 발표했다. 「뉴욕시(New York City)」, 「그라운드 제로 기념비(Ground Zero Memorial)」, 「허드슨강변에서(By the Hudson River)」, 「구름이 흘러가는 곳(A Place Where Clouds Are Flowing)」, 「엠파이어 스테이트 빌딩 전망대(The Observation Deck of the Empire State Building)」 등을 발표했는데 「타임스 스퀘어(Times Square)」와 「타임스 스퀘어 횡단보도(Pedestrian Crosswalk at Times Square)」 등은 미국 문예지 『Sand Hill Review』에 게재되기도 했다.

뉴욕은 그곳의 거주민보다 관광객이 더 많다고 한다. 그곳은 타임스스퀘어, 월스트리트, 엠파이어 스테이트 빌딩, 911 테러 이후 세워진 그라운드 제로 기념비와 원 월드 트레이드 센터 그리고 센트럴파크와 뉴욕항 입구에 세워진 자유의 여신상(Statue of Liberty) 등 유명 관광명소가 참으로 많다. 자유의 여신상은 프랑스가 1886년 미국 독립 100주년을 기념하여 선물한 것으로 아메리칸드림을 실현하려는 이민자들에게 미국의 상징으로 인식되었으며, 미국인들에게는 미국 정신을 일깨우는 존재가 되어왔다고 한다. 뉴욕시 뉴욕항 리버티섬에 있는 '자유의 여신상' 오른손에는 횃불을 치켜들고 왼손에는 독립선언서 석판을 들고 있는 모습을 보며 감동되어 영시 「자유의 여신상(Statue of Liberty)」을 써서 발표하기도 했다.

타임스스퀘어나 지하보도를 거닐다 보면 길거리의 색소폰이나 아코디언 연주자들을 심심찮게 볼 수 있다. 나의 영시 「타임스스퀘어」에는 아코디언 연주자가 그리고 「운이 좋은 날」에는 색소폰 연주자가 등장하는데 「운이 좋은 날」의 마지막 연이다.

A Lucky Day

Immersed in the playing he forgets his hunger,/ sorrow and loneliness./ When he plays the saxophone, it doesn't matter who listens./ But a lucky day is to hear loud applause from the audience.

운이 좋은 날

연주에 심취한 그는 배고픔도/ 슬픔도 외로움도 잊는다/ 색소폰을 연주할 때는 듣는 사람이 누구든 상관없다/ 그러나 운이 좋은 날에는/ 청중으로부터 큰 박수를 받는다.

(2024. 1. 5)

## 꽃잎

요즘 철쭉꽃이 한창이다. 며칠 전만 하더라도 정원의 개나리꽃과 목련화가 만개하였는데 어느새 그들은 서서히 져 가고 있다. 지난 십여 일 정도는 베란다에서 튤립이 긴 목을 꼿꼿이 세우고 고고하고도 도도하게 아름다운 핑크와 샛노란 꽃잎들이 환한 웃음을 안겨주었는데 이제는 하루가 다르게 시들어 가고 있고 다른 화분에서는 작약과 모란 그리고 수국이 화려한 꽃잎들을 준비하고 있다. 창문을 열면 연보랏빛 라일락꽃 향기가 스쳐온다.

나는 한때 진달래꽃과 철쭉 그리고 영산홍을 잘 구분하지 못했다. 어린 시절 보릿고개인 춘궁기에 친구들과 함께 참꽃을 따 먹으러 산으로 들로 뛰어다니기도 했다. 참꽃은 꽃잎을 먹는 꽃이라는 뜻으로 진달래의 별칭인 셈이다. 비슷한 철쭉을 개꽃이라고 구분하여 불렀다. 배가 고

프면 산에서 칡뿌리와 소나무의 속껍질로 허기를 채우던 초근목피(草根木皮) 궁핍 시절에 참꽃은 어린이들의 간식거리였다.

최근에 웰빙 바람이 차(茶)시장에도 불면서 건조한 꽃을 물에 우려먹는 '꽃차'의 인기가 높아지고 있다. 꽃 중에는 차로 사용할 수 있는 꽃과 그렇지 않은 꽃도 있고 먹는 부분도 다르다고 한다. 철쭉꽃에는 독성 물질이 있어서 먹어서는 안 되며 진달래의 경우도 수술에 약한 독성이 있으므로 꽃술을 제거하고 꽃잎만 물로 씻은 후 먹어야 된다고 한다. 어린 시절 참꽃을 따먹으면 약간 씁쓸하기도 했는데 아마도 꽃잎과 함께 먹은 수술의 맛이었을 것으로 생각된다. 식품의약품안전처는 식품에 사용할 수 있는 꽃은 290여 종인데 꽃잎만 사용이 가능한 것은 모란과 목련 등 17여 종이라고 한다. 목련꽃잎으로 꽃잎차를 만들어 복용하면 호흡기 질환과 기관지 건강에 좋다고 한다.

참꽃 진달래는 잎보다 꽃이 먼저 나는 대표적인 선화후엽 식물이고, 철쭉은 잎과 꽃망울이 함께 올라온다. 잎과 분홍 꽃이 같이 피어 있다면 철쭉, 가지에 꽃만 피어 있나면 진달래로 생각하면 된다. 진달래가 개화 시기가 좀 더 빨라 3~4월 중순경 피어나고, 철쭉꽃은 4월 말~5월쯤 볼 수 있다. 철쭉 꽃잎에는 진한 점무늬가 특징이다. 또 진달래엔 꽃받침이 없고 철쭉에는 꽃받침이 있는 것도 차이점이다. 진달래 철쭉과 비슷한 영산홍은 철쭉에 비해 잎이 적고 꽃이 많아 화려한 느낌을 준다. 철쭉보다 꽃의 크기는 작지만 워낙 많은 수의 꽃을 피우고 색도 화려하다.

올봄은 모처럼 코로나 방역의 규제가 어느 정도 완화되어 여의도 윤중로와 송파 석촌호수뿐만 아니라 전국 많은 곳에서 4월 초순부터 벚꽃축제 등이 개최되었고 공원과 유원지 등에서는 튤립축제도 잇따라서 상춘객들이 아름답고 화려하게 피어나는 꽃들을 즐겼다. 진해벚꽃축제 등 일부 지역에서는 아쉽게도 코로나로 행사가 취소되었지만 인적이 드문 그곳에서도 사랑스러운 꽃잎들은 예나 다름없이 피어나 자신들의 멋진 자세를 한껏 뽐냈을 것이다. 어쩌면 그 꽃잎들도 누군가에게 환희와 기쁨을 맘껏 안겨주고도 싶었겠지만 그렇지 못하여 못내 서운했을 것도 같다.

요즘은 공원 산책로 등에서 벚꽃 꽃잎들이 바람에 흩날려 허공을 가로지르거나 길거리에 휩쓸려 가는 모습을 보면 한겨울 찬바람에 불리어 휘몰아쳐 흩날리는 눈보라와 흡사했다. 바람에 흩날리어 길거리에 흩어지는 벚꽃 잎들은 며칠 전만 해도 많은 사람에게 기쁨과 환희를 안겨주었지만 지금은 화려한 모습은 간데없고 한낱 미풍에도 굴러다니며 빗자루에 쓸려간다. 어린 시절에 호박꽃과 박꽃을 좋아했다. 호박꽃은 수꽃과 암꽃이 있는데 황갈색의 넓은 꽃잎은 우리의 마음을 푸짐하고 넉넉하게 해주었고 부드럽고 수줍어하는 것 같은 하얀 박꽃은 고독과 청순미를 더해 주었다. 그 시절의 호박꽃이나 박꽃 또는 요즘 바람에 휩쓸려 가는 벚꽃뿐만 아니라 모든 꽃잎도 그들 나름대로의 일세를 풍미하고 세상에서 잊혀 갔을 것이다.

세월이 빠른 것 같다. 화무십일홍(花無十日紅)이란 말처럼 꽃잎의 시간은 잠깐인 것 같다. 사람의 수명을 백 세로 생각하더라도 무한한 영겁(永劫)의 시간에 비교하면 꽃잎의 시간과 우리의 젊은 날의 시간도 엇비슷한 것 같다. 법정 스님은 생전에 '세월은 가는 것도 오는 것도 아니며 시간 속에 사는 우리가 가고 오고 변하는 것일 뿐이다.'라고 말했듯이 삼라만상이 가고 오고 변하고 있을 뿐이다. 꽃이 피고 지듯이 우리도 그럴 것이다. 이따금씩 멀어져간 꽃잎의 시간들을 되감기 하여 환한 웃음을 지으며 또 다른 내일을 다짐도 해 본다. 그때마다 불현듯 나의 시집에 실린 「꽃잎」이 떠오른다.

### 꽃잎

해거름 퇴근길
동네 모퉁이 길을 마악 돌아서려는데
누군가 부르는 것 같아 뒤돌아보니
목련 꽃잎들이 길가에 널브러져 있다
발걸음을 잠시 멈추고
시들어가는 꽃잎 하나를 집어 들었다
시간이 들고 난 몰골이 휑하다
내 추억의 꽃나무는
동트는 햇살에 더욱 화사하게
그렇게 환한 미소로 남아있는데
노을 진 하늘에서
잊혀져 간 꽃잎의 시간들

우르르 몰려온다
그리움이 허공으로 기어오르며
뉘엿거리는 햇살이
부풀어진 그림자를 밀어 올린다
시들어가던 어둠에서
꽃이 피어난다
그날의

(2022. 4. 21)

## 편리미엄 누리기

　휴대폰은 편리한 기능이 아주 많다. '편리미엄'이란 '편리함'과 '프리미엄'을 결합한 용어로 소비자들이 시간과 노력을 아낄 수 있는 편리한 상품이나 서비스를 받기 위해서 다소의 비용을 지불하더라도 프리미엄 서비스를 선호하는 현상을 가리킨다. 예를 들면 이전에 아주 단순한 기능의 휴대폰인 피처폰을 사용하다가 약간의 비용을 더 지불하고 다양한 기능의 스마트폰으로 교체하여 여러 가지 편리한 기능을 누리고 있는 현상을 말한다.

　소비를 기준으로 시작된 편리미엄 현상은 우리들의 일상생활뿐만 아니라 문학 활동 등에서도 확대되고 있다. 요즘은 작가들이 대부분 종이 원고지 등에 작품을 펜이나 볼펜으로 쓰지 않고 컴퓨터 등의 자판기로 타이핑하여 입력하고 파일 형태로 출판사 등에 이메일이나 USB에 저장하여 보낸다. 그런데 이제는 더 편리하게 진화되고 있어 클라우드를 이용하면 USB 같은 저장장치가 없어도 가능하게 되었다.

　스마트폰이 나오기 전에는 우리 생활에서 카메라가 필수품처럼 여겨졌다. 여행에서 카메라에 필름을 넣고 사진을 찍은 후에 사진관에서 사진으로 인화하였다. 그리고 앨범 등에 보관하는 것이 일상에서 늘 있었던 일이었지만 어떤 때는 사진을 정리하고 보관하는 것이 번거롭고 귀찮은 일이었다. 요즘은 사진을 찍기만 하면 네이버나 구글 등에서 자동으로 분류하여 보관하게 하였다가 어느 때 어디서라도 다시 꺼내 볼 수 있으니 참으로 편리하다. 얼마 전까지도 이런 기능이 있다는 것을 몰랐을 뿐만이라 스마트폰으로 찍어 보관한 사진 파일을 여러 가지로 편집할 수 있다는 것도 몰랐다. 스마트폰의 편리미엄을 제대로 누릴 줄을 몰랐다. 어린 시절부터 찍었던 수많은 사진들을 수십 권의 앨범에 정리하여 보관했다가 그것들을 스캐너를 별도 구매하여 수개월 동안 스캐닝하여 USB에 파일 형태로 보관했는데 지금 생각하면 격세지감을 느낀다.

　지난 여름방학 동안에 정보기기 업체의 매장에서 컴퓨터, 노트북, 탭(패드), 스마트폰, 스마트손목시계 그리고 클라우드 등의 사용법을 교육받았다. 평소에 정보기기의 사용법이 서투르기도 했고 새로운 기능에 대하여 호기심이 생겨서 아내와 함께 참가했다. 무더운 날씨가 계속되었지만 시원한 매장에서 피서 겸 편리한 기능을 익혀가는 재미가 쏠쏠했다. 사진을 찍은 후에 파일을 절단이나 합치기 또는 방향을 바꾸는 것 외에도 참으로 많은 여러 가지 편집 기능이 있다는 것을 처음 알았다. 예를 들면 사진 원본 파일에 노출, 휘도, 하이라이트, 그림자, 대비, 밝기, 블랙포인트, 채도, 따뜻함, 색조, 선명도, 명료도 등을 가미하여 새로운 모양으로 편집할 수 있는 기능이 있을 뿐만 아니라 스마트폰 자체에 스캐너 기능 등 아주 많은 편리한 기능이 있다는 것도 알았다. 내 손안에 있는 수많은 편리한 기능 중에서 그동안 극히 일부만을 이해하고 있었다.

 스마트폰의 편리한 기능은 아주 많아서 사진이나 동영상의 촬영 편집 등의 기능뿐만 아니라 금융거래나 자신의 신분증 기능 그리고 교통수단 예약 등 참으로 많은 것 같다. 특별한 경우가 아니면 요즘은 은행이나 기차역에 가지 않는다. 은행 창구 앞에 거래 통장을 들고 앉아서 또는 기차표를 예매하려고 역 창구 앞에서 순서를 기다렸던 때가 엊그제 같은데 많이 변하고 있다. 요즈음은 승객들이 택시를 타기 위해 택시 정류장에서 기다리지 않고 스마트폰 앱을 이용하여 자기가 있는 곳으로 택시를 불러서 이용하거나 음식점이나 찻집에서 키오스크(kiosk 무인 단말기)로 메뉴를 본인이 직접 주문과 결제까지 하는 곳도 많다. 물론 스마트폰의 기능과는 무관하게 은행 창구나 기차역, 택시 정류장 또는 식당이나 찻집에서 순서를 기다리는 손님들도 있겠지만 자기 손안에 있는 스마트폰의 기능을 미처 알지 못하여 기다리는 경우도 많을 것이다. 몇 해 전까지 나도 그랬다. 그 기능을 익히는 것은 물론 귀찮은 일이었다.

　한때 컴퓨터 모니터만 보며 자판기에 글자를 입력하는 기능을 익히려고 한글타자기 연습에 열중했다. 그 당시 처음에는 열 손가락을 사용하여 글자 입력하는 것이 서툴고 귀찮았지만, 그 하찮은 노력이 지금은 시나 수필 등의 작품을 손쉽게 입력할 수 있는 밑거름이 되었다. 정보기기들은 나날이 발전하고 있다. 낯설었던 기기의 기능을 이해하는 것은 이제는 생활의 기본 상식으로 자리매김하고 있는 것 같다. 그리고 여러 가지 정보기기에서 가장 중요한 기본적인 요소는 모든 데이터를 저장하는 기술이라는 것도 처음 알게 되었다. 데이터를 인터넷과 연결된 중앙 컴퓨터에 저장한 후에 데이터가 필요시 인터넷에 다시 접속하기만 하면 언제 어디서든 데이터를 USB 없이도 이용할 수 있는 시스템, 즉 클라우드(Cloud 구름)를 폭넓게 사용하는 방법도 알게 되었다.

　정보화 기기의 급속한 진화에 맞춰서 문학 활동 등에서도 국내외적으로 폭넓게 분포된 유명 문학작품뿐만 아니라 미술 음악 건축 등 여러 방면에서 다양하게 적응하면서 편리미엄의 보폭도 광범위하게 넓혀가고 있는 거 같다. 다만 아무리 좋은 정보기기나 인공지능(AI)의 역할이 크게 발전하여도 그것들을 어떻게 효율적으로 이용하면서 편리미엄을 내가 누리는 것은 또 다른 이야기다. '구슬이 서 말이라도 꿰어야 보배'라는 속담이 있다. 아무리 내 손안의 휴대폰이 수많은 편리한 기능을 가졌더라도 그 편리미엄을 누리려면 번거롭고 귀찮지만, 구슬을 실에 꿰어야 하듯 정보화 기기의 기능들도 하나하나씩 익혀야 하는 것은 어쩌면 이 시대를 살기 위한 기본적인 필수사항인 것 같다.

(2023. 9. 7)

## 마음의 거울

 연말엔 새 일기장을 구매한다. 매년 같은 크기와 비슷한 디자인으로 꾸며진 회사의 제품을 구매한다. 일기장에 첨부된 부속페이지엔 캘린더, 월별계획안, 매일계획표 그리고 경조문이나 서식, 연령대조표 또는 도량형환산표, 주요 도시와 전철노선 등이 포함된다. 올해 목표와 버킷리스트도 별지로 끼워져 있다. 매년 초에 그해의 목표와 버킷리스트를 빼곡히 적어보지만, 성취율은 그다지 높지 않은 편이다. 특히 버킷리스트가 그랬다. 버킷리스트란 원래 죽기 전에 꼭 한 번쯤은 해 보고 싶은 것들을 정리한 목록을 의미하지만, 국립국어원에서는 '소망 목록'이라고 순화어를 제시한다.
 버킷리스트(Bucket List) 어원은 '죽다'라는 의미의 '양동이를 차다(Kick the Bucket)'와 관련된 영어 관용어가 내포

된 굉장히 무서운 뜻을 가지지만 이를 순화하여 당장 실천 가능한 목록으로 채우면 그해의 성취율이 훨씬 높아졌다. 처음에는 버킷리스트의 의미에 얽매여서 '이걸 이룬다면 당장 죽어도 괜찮다'고 할 정도로 이루기 힘든 것들로 계획하다 보니 성취율이 낮았으나 다음 해는 '하고 싶은 쉬운 것'으로 채우니 만족하게 되었다. 매년 말에 연초 작성한 '올해의 목표'나 '버킷리스트'를 나름대로 평가하지만 매일 일기를 쓰면서도 그날 하루의 일들을 되감기하고 반성하며 자신을 다시 평가하며 그날의 역사를 기록한다.

학창 시절에도 가끔 일기를 쓴 적이 있었지만 계속하지 못했다. 직장생활할 때는 회사에서 매년 회사다이어리를 배포했기에 업무계획과 업무일지를 그곳에 썼지만 사적인 기록은 제한이 있어서 별도의 일기장을 사용해야 했다. 기억을 의식 속에 간직하고 꺼내는 능력은 사람마다 각기 다르겠지만 한계가 있기 마련이다. '기록은 기억을 지배한다'라고 말하기도 하고 '기록은 지워지지만 기억은 지워지지 않는다'라고 말하기도 한다.

일기장에 육필로 그날의 체험을 쓰는 것은 PC나 노트북 등에 자판기로 입력하는 것보다 훨씬 번거롭다. 자판기로 입력하면 일기장이나 필기구가 필요 없고 간편하여 추후에 어느 때 어느 곳에서나 꺼내서 읽거나 수정하고 추가하는 데 지장이 없다. 그뿐만 아니라 국내외 여행할 때 일기장을 휴대할 필요도 없는 등 장점도 많으나 단점도 있다. 정성 들여 매일 육필로 써진 일기를 읽으면 정겹고 아늑함을 주지만 자판기 입력 일기는 아무런 감동이 없고 어느 날 갑자기 모든 기록이 순간적으로 지워진다고 가정하면 내가 지내왔던 수많은 체험이 사라져 역사기록이 없었던 선사시대와 같이 될 것이다.

  일기장 지면을 가능하면 꽉 채워서 쓴다. 그날의 날씨 정보와 간밤의 취침 상태도 표시하는데 숙면과 불면 등의 상태를 임의로 등급을 매겨 표기하고 등급이 아주 낮게 표기할 때는 무엇 때문에 잠을 제대로 못 이루었나를 나름대로 판단하여 기록한다. 또한, 식사 메뉴와 음식의 종류를 기록하는 것이 번거롭고 귀찮지만 수십 년 동안의 기록을 비교하면 훗날 건강관리에 많은 도움이 되었다. 특히 주기적으로 병원에서 건강검진을 받은 혈액 등의 분석 결과와 지난 몇 달 동안의 음식섭취 기록과 비교하면 건강수치 관리에도 도움이 되었다. 이와 같이 일기는 자신을 뒤돌아보면서 긍정적인 방향으로 가도록 방향타 역할을 한다. 육적인 방향뿐만 아니라 정신적인 면에도 방향타 역할을 한다. 옛것을 익히고 그것들을 미루어서 새것을 안다는 온고지신의 사자성어처럼 일기 쓰면서 올바른 방향으로 가고 있는지 삶의 나침판을 점검한다.

  나침판은 위치를 바꿔놔도 바늘이 잠시 흔들리다가도 종국엔 한쪽 바늘 끝은 북쪽, 다른 한쪽 바늘은 남쪽을 가리킨다. 살다 보면 연초의 생각과는 전혀 다른 방향으로 가기도 하고 목표치 실천을 게을리하거나 아예 잊고 있는 일들도 발견된다. 실행하려고 하지만 뜻대로 지켜지지 않은 것들이 허다하다. 일상생활에서 대화 상대에게 '감사하다'는 말을 많이 하려고 하지만 쉽지 않다. '감사하다'는 말은 '기적의 언어'라고 하며 대인관계를 편안한 인간관계로 이어질 수 있는 도구라는 것을 잘 알지만 실천은 잘 되지 않는다.

 리트머스(litmus) 시험지는 '용액이 산성인지 염기성인지를 판별하는 간단한 종이 시험지'를 말하고 사물의 수준이나 상태를 아는 기준이 되는 것을 바로미터(barometer)라고 한다. 일기를 쓰다 보면 내 마음의 나침판뿐만 아니라 리트머스 시험지와 바로미터을 수시로 점검하여 그 체험을 익히고 그것들을 미루어서 방향타를 긍정적인 삶의 방향으로 나아갈 수 있다. 마음의 나침판과 같은 마음의 거울을 보면서 그날에 했던 일에 대하여 사소한 것이라도 하나님께 '감사합니다'라고 기록하고 내일도 '감사한 생활을 하도록' 마음에 다짐하면 실제로 감사한 날이 오는 것 같다. 프랑스 소설가 폴 부르제(Paul Bourget)는 '생각하는 대로 살지 않으면 사는 대로 생각하게 된다.(One must live the way one thinks or end up thinking the way one has lived.)'라고 말했다. 일상에서도 온고지신을 생각하며 사는 삶이 진정한 행복의 첩경이 될 것으로 믿는다.

(2023. 12. 30)

# 향내와 냄새

　요즘 라일락꽃 향내가 한창이다. 아파트 앞마당 정원에 흐드러지게 피어나는 옅은 자주색 라일락 향기가 3~4층까지 올라온다. 꽃향기는 반세기 전에 살았던 노량진 집을 떠올리게 한다. 이맘때면 2층 단독주택 울타리에 유난히도 라일락꽃이 많이 피어나 바람이 살랑일 때마다 기분을 상쾌하게 했다. 일반적으로 사람들은 꽃향기뿐만 아니라 모든 향내를 좋아한다. 요즘은 가정에서나 회사원들이 향수를 그다지 많이 사용하지 않는 것 같으나 3~40여 년 전에는 지금보다 더 자주 애용했고 친지들이나 지인들 사이에도 향수병을 선물로 주고받기도 했다. 최근에도 공항이나 시내 면세점 등에서 향수가 주류와 화장품 그리고 담배 다음으로 많이 팔린다고 한다.
　지금도 내 책상 위에 있는 향수병에서 향내가 스칠 때

마다 기분이 상쾌해진다. 30여 년 전 이태리 친구에게 선물 받은 엄지손가락만 한 향수병에서 마개를 꼭 막았는데도 수십 년간을 계속하여 향내를 풍기며 나를 기쁘게 한다. 너무 오래되어 그 친구의 이름이나 얼굴도 기억나지 않고 병에 부착된 상표도 사라졌지만 그 향기만은 계속되고 있다. 지금은 병 바닥에 한두 방울 정도밖에 남아 있지 않지만 아마도 몇 년 동안은 나를 더 기쁘게 할 것 같다. 냄새는 극히 적은 양일지라도 우리의 후각이 인지할 수 있다고 한다. 얼마 전 KBS 시사프로에서 인간이 인지할 수 있는 시각의 종류는 백만 개 정도라고 해서 놀랐는데 독일 베타나 파우제 교수의 저서 『냄새의 심리학』에서는 인간의 후각은 무려 1조 개가 넘는 냄새를 구분한다고 해서 더 놀랐다.

후각 능력이 뛰어난 탐지견은 마약이나 폭발물을 찾아내거나 지진이나 건물 붕괴 사고 등의 재난지역에서 인명구조를 위해 이용되고 있다. 냄새는 극히 민감하여 개뿐만 아니라 소나 양 등 다양한 동물들이 상대의 항문 냄새 등을 맡고 입술을 젖혀 올리는 '플레멘 반응'을 한다고 하며 사람이 볼 땐 웃는 모습으로 보일 수도 있다고 한다. 얼마 전까지도 자동차 내부에 향수병을 넣고 다니는 사람들이 많았지만 향수가 건강에 좋은 산소를 밖으로 밀어낸다고 요즘은 그다지 많이 사용하지 않는 것 같다. 아무리 좋은 향내라도 너무 진하면 건강에 도움이 안 된다고 한다.

어찌 생각하면 우리는 일상생활에서 좋든 나쁘든지 간에 수많은 냄새 속에서 지내는 것 같다. 다만 탐지견처럼 우리는 그 냄새를 맡지 못하거나 구별하지 못할 뿐이다. 헤아릴 수 없을 만큼 수많은 냄새 중에서도 라일락이나 장미꽃 같은 향기롭고 상쾌한 냄새가 있는가 하면 계란이나 음식 썩는 것 같은 고약한 냄새와 지린내 그리고 담배 냄새 등은 우리를 역겹게 한다. 김치나 새우젓 등의 곰삭은 냄새와 홍어나 두리안 과일 냄새 등은 맡는 사람들의 취향에 따라 호불호가 다르다. 라일락 향기가 먼 곳까지 날려가듯이 담배 냄새 역시 수십 미터까지 풍긴다. 대체적으로 우리나라 사람들은 김치나 청국장 또는 조기 굽는 냄새를 보통으로 생각하지만, 서양 사람들은 질색을 한다.

해외 생활하면서 김치나 조기구이 먹기를 좋아하는 교민들이 그 냄새로 인한 삶의 애환을 담은 경험담을 수없이 들었다. 김치를 가지고 여행하다가 냄새 때문에 비행기 승무원과 승객들에게 큰 불편을 주었다는 사례는 비일비재하다. 과일 중의 왕이라는 열대지방의 두리안 역시 그 참맛을 알면 대단히 좋아하지만, 냄새가 독특하여 호텔이나 회의장 등에는 반입금지 품목으로 지정된 곳이 많다. 내가 해외 근무 때의 일상사 추억은 희미해져 가지만 동남아 브루나이 등에서 자주 먹었던 두리안은 그 독특한 냄새 때문에 지금도 잊히지 않는다.

잊히지 않는 냄새는 또 있다. 1950년 6·25전쟁이 발발되던 다음 해 가을에 미국 원조물자로 학용품이 지급되었다. 가정별로 민간인에게 배급되는 시레이션*이라고 불리던 구호품과 별개로 국민(초등)학교에는 학용품이 지급되었을 때 2학년생이던 나는 연필 한 자루를 받았는데 그 향내가 지금까지도 잊히지 않는다.

향내는 역사가 문자로 기록되기 이전부터 사용되기 시작되었다고 하며 우리의 일상생활뿐만 아니라 종교의식 등에서도 자주 사용되고 있다. 우리가 매일같이 공기 속에 둘러싸여 살아가듯 어찌 보면 우리는 다양한 냄새 속에서 생활하고 있으나 그것을 후각으로 느끼지 못하거나 분별하지 못하며 지내고 있다. 또한, 그 냄새에 대한 느낌은 각기 다를 수 있다. 코로 맡을 수 있는 온갖 기운을 냄새라고 하지만 어떤 사물이나 분위기 따위에서 느껴지는 특이한 성질이나 낌새를 말하기도 한다.

깊은 숲속 바람 냄새나 청량하고 조금은 쓸쓸하게 느껴지는 초가을 냄새가 있는가 하면 장미나 라일락처럼 진한 향내 등 헤아릴 수 없이 많다. 포근한 냄새나 소박하고도 싱그럽고 아늑한 냄새 등도 있다. 유아나 어린이 젊은이 또는 아내와 남편 그리고 어머니와 아버지의 고유한 냄새가 있으며 배움이 많고 믿음이 가는 훈장 냄새나는 사람도 있고 부자나 가난뱅이 또는 허풍쟁이 냄새를 풍기는 사람들도 있다. 아마도 모든 사람은 육신으로부터와 성질이나 낌새로부터의 냄새가 혼합된 각기 저마다의 고유한 냄새가 있을 것이다. 다만 우리는 온갖 종류의 미세한 냄새를 느끼지 못하거나 그냥 무관심하게 지나치다가 그것을 잊혀가며 살 뿐이다.

이 화창한 봄날에 싱그럽게 갓 피어나던 내 젊은 날의 향내가 그리워진다.

*시레이션(C-ration 씨라션): 미육군 C호 식량−휴대용 야전식, 다만 씨라션을 한국식 발음으로 시레이션으로 통용되었다.

(2023. 4. 27)

## 멀고도 가까운 곳

　요즘 야구선수 이정후의 인기가 샌프란시스코에서 나날이 커지고 있다. 지난해 말 미국 프로야구 메이저 리그(MLB) 샌프란시스코 자이언츠와 6년 1억 1300만 달러(약 1510억 원) 규모의 '초대형 계약'을 맺고 빅 리그에 입성했으니 그럴 만도 하다. 샌프란시스코 자이언츠는 샌프란시스코(SF)*를 연고지로 하는 프로야구팀으로 월드시리즈에서 8회 우승을 차지했으며 같은 미국 서부 캘리포니아주에 속한 로스앤젤레스(LA) 다저스는 박찬호가 1994년도 데뷔해 2010년에는 124승을 거둬 동양인 최다승 투수로 기록되기도 했다. SF 자이언츠 홈구장은 샌프란시스코 명물로 이름난 절경의 금문교(Golden Gate Bridge)가 근거리에 있다.
　살다 보면 아주 가까운 곳에 있는 이웃이나 친지들도

서로 왕래가 없으면 멀게 느껴지기도 하지만 먼 곳에 있는 친구나 지인들도 자주 만나서 어울리고 소식을 전하고 지내면 가까운 이웃처럼 느껴진다. 이와 마찬가지로 낯설었던 지역이나 도시도 자주 들르거나 한동안 그곳에서 생활했던 곳은 비록 멀리 떨어져 있어도 바로 이웃처럼 느껴질 때가 많다. 더욱이 요즘은 인터넷이나 뉴스 등을 통해서 세계 도처에서 일어난 소식들을 시시각각 곧바로 알 수 있을 뿐만 아니라 가고 싶으면 어느 때라도 갈 수 있어 더 그런 것 같다. 그래서인지 선진국이나 후진국 어느 곳이든지 생활하는데 별다른 부담 없이 느껴진다. SF는 직장생활하면서 자주 들렀고 시 창작 문학활동을 하면서 다양한 서양문물을 터득하고 체험했을 뿐만 아니라 가족이 근교에 정착하고 있어 자주 방문한 연유로 더 가깝게 느껴지는 것 같다.

국내에서 외국인이 정착하여 사는 다문화 가구원 수는 100만 명을 넘었고 앞으로 더욱 확대될 것이라고 한다. 요즘은 전철이나 시내버스에서 피부색이 많이 다른 외국인들도 이젠 예전처럼 이질감 같은 것이 전혀 없고 오히려 친근감이 느껴진다. 나민족이 많이 모여 사는 미국 서부지역의 캘리포니아주에 속한 샌프란시스코나 로스앤젤레스 주민들도 우리와 마찬가지로 낯선 외국인을 접해도 그들의 가까운 이웃으로 반갑게 맞이하여 준다. 우리나라가 최근 다문화 가족에 대하여 많은 관심과 지원을 배려하는 것처럼 미국도 그렇다.

십여 년 전 샌프란시스코 근교에 체류하면서 영어 시 창작과 미국 사회 교육을 관련 단체에서 수년간을 수업하면서 미국의 다문화 사회를 많이 배우며 체험했다. 출퇴근 시간대에 자동차가 정체될 때는 만원버스나 전철을 자주 이용하기도 했고 재래시장과 같은 곳에서 서민들의 애환을 체험하며 수십 편의 영시를 써서 문예지에 발표하기도 했다.

 가톨릭의 성인 프란치스코의 이름을 따서 지었다는 SF는 미국에서 손꼽히는 관광지다. 원래 멕시코 땅이었다가 미국 땅이 되었고 노예 해방 뒤 점차 정착한 수많은 흑인과 19세기에 유입된 동양인들로 인해 아주 다양한 인종을 볼 수 있는 도시지만 비싼 물가로도 유명하다. SF시의 자체 인구는 100만 명 정도지만 샌프란시스코-오클랜드-산호세를 포함한 샌프란시스코 광역권의 인구는 약 1000만 명 가까이 된다고 한다. 샌프란시스코만 지역 남부를 실리콘 밸리(Silicon Valley)라고 하며 산호세, 쿠퍼티노, 서니베일, 산타클라라, 마운틴뷰, 팔로알토 등의 지역이 포함되는데 애플, 인텔, 앤비디아, 구글, 페이스북, 테슬라, 마이크로소프트 등 전 세계 최첨단 기술 회사들이 입주해 있어 기술혁신 도시의 상징이 되었다. 우주선 모양으로 유명한 쿠퍼티노의 애플 공원에 위치한 애플 본사 건물에서 일하는 1만 3천여 명의 최첨단 IT 기술자들은 인도와 중국계는 물론 한국계 시민들도 많다고 한다.

 SF는 여러 종류의 인종이 저마다 다양성의 문화를 가지고 옛것과 새것, 최첨단과 여유로움, 도심과 전원을 갖춘 조화로운 도시이자 진화를 멈출 줄 모르는 도시처럼 느껴진다. 금문교는 샌프란시스코의 랜드마크로 샌프란시스코 베이와 마린 카운티 사이를 연결하는 현수교로 1937년도에 완성되었으며 총길이가 2,789m로 건설 당시에는 세계에서 가장 긴 현수교 다리였다고 한다. 다리의 색상은 오렌지 주홍색으로 주변의 환경과 잘 어울리는 절경이므로 관광객에게 인기가 많은 것 같다. 또한, SF의 피셔맨즈 워프(Fisherman's Wharf) 선창 식당에서 식사하면서 자유롭게 유영하는 바다표범 무리를 보며 유유자적한 삶의 여유로움을 느낄 수도 있다.

샌프란시스코에 체류하면서 그곳 서부의 퍼시피카(Pacifica) 해변에서 광활한 태평양 저 멀리 아스라이 사라지는 수평선을 하염없이 바라보며 시를 짓기 위한 착상이나 구상을 많이 하며 가다듬기도 했다. 그 시상들을 정리하여 「Cobweb 거미집」이나 「The Sorrow 슬픔」 등의 영시를 미국 문예지 『Catamaran Literary Reader』와 『Monterey Poetry Review』 등에 발표하기도 했고 「샌프란시스코」와 「금문교에서」 등의 영시 70편을 계속 발표하여 첫 영시집 『The Golden Gate Bridge and Other Natural Wonders 금문교와 자연의 경이로움』을 미국에서 2013년에 출간했다. 「샌프란시스코」 시(詩)의 1연부터 3연까지다.

San Francisco

My friend, you will see the seashore/ where the splendid blue sky/ pours down its pails of glaring sunlight;/ nearby ridges beckoning to come/ on wings of fresh green foliage.// Where often chilly wind/ wafts in from the Pacific;/ this is San Francisco.// When you come here, my friend/ you will find the Golden Gate Bridge/ the pink of cherry blossoms/ connecting north and south.// (하략)

### 샌프란시스코

해변에는 새파란 하늘이/ 눈 부신 햇살을 양동이로 퍼붓고/ 신록의 날개옷을 입은 산들은/ 이리 오너라 손짓을 하며// 태평양에서 시원한 바람이/ 자주 불어오는 곳/ 친구야, 이곳은 샌프란시스코// 친구야, 이곳에 오면/ 남과 북을 잇는 복사꽃 분홍색/ 금문교를 보게 될 거야// (하략)

*SF: San Francisco(샌프란시스코)의 약칭.

(2024. 1. 30)

# 숨 쉰다는 것

　미국 팝송 가수 베트 미들러(Bette Middler)가 부른 「From a Distance(멀리서 보면)」를 듣기 좋아한다. '멀리서 보면 세상은 푸르게 보이고'로 시작된 가사는 뒷부분 후렴에서 '신이 우리를 지켜보고 있어요(God is watching us) 신이 우리를 지켜보고 있어요(God is watchings us).'가 계속된다.
　매일 아침 일어나 제일 먼저 확인하는 것이 오늘의 날씨다. 스마트폰에 미세먼시와 조미세먼시가 '보통'이라고 뜨면 반갑다. 얼마 전까지만 해도 이들 수치가 '나쁨'보다는 보통의 날이 많았는데 근년에는 나쁜 날이 더 늘어나는 것 같다. 아침 일찍 베란다 창문을 활짝 열고 아침 운동을 한 후 맑은 공기를 크게 들이마시는 즐거움이 줄어들고 있다. 공기 청정기를 가동해도 기분이 상쾌하지 않고 주기적으로 창문도 열고 닫아야 한다. 창문을 열고 닫다 보면 이따금씩 집 안에 들어온 파리 한 마리가 방충망에 막혀 밖으로 나가지 못하고 안절부절 어쩔 줄을 모른다. 측은한 생각에 파리채 대신 방충망을 반쯤 열어 밖으로 나갈 통로를 만들어주었지만 내 예측은 빗나갔다. 방충망에 구멍이라도 낼 듯이 그저 방충망만 움켜잡고 온몸을 떨며 나가려고 발광한다. 열린 쪽은 아예 거들떠보지도 않고…. 누군가 저 높은 데서 내려다보면서 어쩌면 그리도 너를 닮았냐고 하실 것 같다.

시골 농촌에서 살던 어린 시절에 매일 아침 하늘을 우러러보며 그날의 날씨에 관심을 가진 적이 많았다. 빗물에 의하여서만 벼를 심어 재배할 수 있는 논을 천수답(天水畓)이라 한다. 언덕배기의 비탈진 곳에 계단식으로 된 좁고 긴 논배미 천수답 몇 마지기가 전부였던 가난한 소작농 우리 가족은 가물면 그저 하늘만 애타게 바라볼 수밖에 없었다. 비가 오면 서둘러 모내기를 하고 그 후에도 벼가 익을 때까지 그저 하늘에서 비 오기만을 기다려야 했다. 어떤 해는 가뭄이 오랫동안 지속되고 논바닥이 거북이 등처럼 쩍쩍 갈라지고 있을 때 저수지 밑에 위치한 가뭄을 모르는 부잣집 무논은 부러움의 대상이었다. 미세먼지 등으로 대기 상태가 안 좋았던 작년 봄에 미국 서부 샌프란시스코 근교 실리콘밸리에서 몇 달간 체류할 때 태평양 해변을 거닐면서 망망대해로부터 불어오는 신선한 공기를 마음껏 들이마시며 그곳의 맑은 공기가 가뭄을 모르는 무논처럼 여간 부러웠다.

코로나가 전 세계적으로 계속 확산되고 사망자가 속출하고 있으나 치료제가 없어 속수무책으로, 바이러스 백신 개발이 하루속히 이루어지기를 학수고대하고 있다. 천수답에서 말라 죽어가는 벼들이 하늘만을 바라보고 있는 것 같다.

세계 주요 20개국 지도자들과 마이크로소프트 빌 게이츠 재단 그리고 세계 각 연구기관에서 이번 팬데믹(Pandemic) 사태를 종식하려고 거대자본과 인력을 투자하여 백신 개발 연구를 계속하고 있다. 빠른 시일 내에 이루어지기를 기대하지만 코로나19 바이러스 백신이 개발된다고 해도 또 다른 형태의 바이러스가 출현할지도 모른다고 한다. 그때마다 혼돈의 세계는 반복될 것이며 그에 맞는 치료제 개발을 위해 전력투구할 것이고 일반 대중은 그것만을 바라보며 하염없이 기다릴 것 같다. 이러한 혼돈의 세계를 누군가 멀리서 바라보면 방충망의 파리를 바라보는 우리의 시선과도 비슷할 것 같다. 어쩌면 치료제 개발하는 방법이 아주 쉽고도 가까운 곳에 있지만 무지한 인간들은 그것을 모른 채 방충망 구멍으로만 나가려고 하고 있는지 모른다.

얼마 전의 사스와 메르스 질병은 다행히 대부분 지나갔고 이번 코로나19도 머지않아 종식될 것으로 기대된다. 더 무서운 돌연변이 바이러스가 나타날 수도 있겠지만 그렇다고 아직 언제 나타날지도 모르는 미래를 생각하고 비관적으로만 생각할 필요는 없을 것 같다. 중국 고사성어 기우(杞憂) 이야기처럼 '하늘이 갑자기 무너지면 어떡하지? 땅이 뒤집히면?' 등의 걱정은 한낱 부질없는 생각일 것이다. 인류가 등장하기 시작하면서 함께 나타난 전염병은 현재까지 계속해서 인간을 괴롭혔지만 모두 이겨냈고 앞으로도 그럴 것이다.

16세기 종교개혁을 일으킨 마르틴 루터의 '내일 지구의 종말이 온다 해도 나는 오늘 한 그루의 사과나무를 심겠다.'는 말처럼 우리 앞에 어떠한 난관이 올지라도 담대하게 대처해야 할 것으로 생각된다. 또한, 성경 '그러므로 내일 일을 위하여 염려하지 말라 내일 일은 내일이 염려할 것이요 한 날의 괴로움은 그 날로 만족하니라.'(마 6:34)처럼 내일 일에 대하여 너무 비관하는 것도 바람직하지 않을 것 같다.

코로나로 요즘 같은 혼돈스럽고 불안하며 각박해지는 세상일지라도 마음을 가다듬고 잠시 창밖의 마로니에 숲을 보면 줄기 끝마디마다 파란 새싹이 움트고 현관문 복도 화분에 늘어선 노란 수선화 무리와 빨간 튤립들 그리고 앞마당의 목련과 벚꽃 등이 앞서거니 뒤서거니 경쟁하듯 꽃잎을 연다. 작은 화분의 풀꽃도 뒤질세라 촘촘히 피어나고 있다. 거실의 뱅갈고무나무의 잎사귀를 닦은 다음 난 화분들과 함께 베란다에 내놓아야겠다.

또한, 그동안 삶에 쫓겨서 앞만 보며 사는 동안 내 가슴을 맴돌다가, 기다리다가 지쳐서 떠나간 수많은 생각들에게 늦게나마 달과 별과 유년의 꿈을 담아 날개를 달아주고 바람소리 물소리, 삶의 그림자까지도 품어 안아 글감으로 승화시켜 불현듯이 나타났다가 홀연히 사라져 가는 그들에게 새 생명을 잉태시켜 주고 싶다.

(2020. 4. 16)

# 시행착오

'이봐 해봤어?' 이 말은 현대그룹 창업주 초대회장 정주영이 자주 사용한 말이다. 강원도 통천군의 가난한 농촌에서 출생한 그는 일제강점기에 초등학교 학력을 딛고 일어서서 훗날 현대그룹이라는 거대 기업을 일군 전설적인 자수성가 기업인이다.

통천군 답전면 아산리 농촌에서 7남매 중 첫째이자 집안의 장손으로 태어난 그는 다른 대기업의 창업주보다 집안이 가난했고 학력도 뒤처진다. 그는 빈곤한 농촌의 현실을 탈피해보려고 부친의 뜻을 따르지 않고 가출하는 등 여러 차례의 갈등을 겪었고 나중에는 쌀가게에서 쌀 배달 점원으로 일하다가 부친의 도움으로 쌀가게를 차리기도 했다. 그 후 마포구에서 자동차 수리공장을 세웠으나 화재로 공장이 전소되는 등의 어려운 상황도 겪었다. 미군

정 말기인 1947년에는 서울에 지금 현대그룹의 토대가 된 현대토건 회사를 세웠다.

현대토건 회사가 현대그룹으로 발전하는 과정에서도 수많은 도전과 실패가 있었지만, 그때마다 좌절의 아픔을 딛고 꾸준한 노력과 성실을 바탕으로 솔선수범해서 수단과 방법을 찾아내어 종국에는 일을 성사되게 하였다. 현대그룹의 성공신화의 예화는 무수히 많다. 현대 포니차 탄생 과정이나 서해안 바다를 메워 간척지 개발하는 과정, 미포만에 세계 굴지의 조선소를 건립하고, 사우디아라비아의 알 주베일 산업항 공사 그리고 1988년 서울 올림픽 유치 등 지금 생각해도 도저히 불가능할 것 같은 사업들이 그의 손을 거쳐 성공하게 할 수 있었다. 그 당시 시대적 배경이나 국민적 공감대 등도 있었지만 정주영 회장의 리더십과 그의 '해봤어?' 정신이 한몫을 한 것 같다. 어렵고 난해한 일들이 있을 때마다 정회장이 자주 쓰는 말 '해봤어?'의 뜻은 '안 해보고 멋대로 결정하지 말라'는 의미이다. '해보고' 나서 결정하라는 것이다. 해외업무 부서 근무시 직원들에게 또는 결재받으러 가면 자주 말씀하셔서 지금도 잊히지 않는다. 이론적으로는 될 것 같아도 현장에서 실제 해보면 안 될 수도 있다는 것이다.

지난 연말 '명동 버스 대란'이 그렇다. 서울시는 지난 12월 27일 명동 보도에 29개 광역버스 노선 번호를 적은 '줄서기 표지판'을 세웠다. 그전까지 승객들은 정류장에 대기하다가 버스가 도착하면 탑승하려 이동했고, 이 과정에서 안전사고가 발생할 수 있다는 우려도 나왔다. 광역버스가 길이 35m 정도의 좁은 정류소 공간에 진입하지 못하고 전·후방에 임의로 정차하기도 했다. 이곳을 이용하는 승객들은 하루 약 구천오백여 명에 달한다. 줄서기 표지판이 생기자 승객들은 버스 번호가 적힌 표지판 앞에만 길게 줄을 늘어서게 됐다. 버스는 정류장에 도착하더라도 승객들이 기다리고 있는 표지판 앞에만 정차하려 기다려야 했고, 버스가 버스 번호판 앞에 도착하려고 꼬리를 물고 늘어서는 소위 '열차 현상'이 오히려 더 심해졌다. 서울역까지 버스가 길게 늘어서 이 구간을 지나는 데만 1시간이 걸린다는 지적도 나왔다.

버스가 지정된 '줄서기 표지판' 앞에 정지하고 승객들이 순차적으로 승차하면 아무런 문제점이 없을 것 같았으나 현실은 그렇지 않았다. 절대적으로 많은 버스 노선과 탑승객 수를 고려하지 않고 탁상행정이 낳은 해프닝이었다. 서울시는 뒤늦게 버스 노선 조정을 통하여 명동 입구 정류소 이용 일일 탑승객 수를 현재 구천오백여 명에서 오천팔백여 명까지 약 60% 수준으로 감소시킬 것이라고 했다. 분산 정책을 쓰겠다는 것이다. 이저럼 살다 보면 이론적으로는 될 것 같은데 실제로 해보면 그렇지 못한 경우가 허다하다. 운동경기 특히 골프에서도 그렇다.

골프를 일반적으로 멘탈(mental) 경기라고 한다. 골프를 잘하려면 마음에 불필요한 잡념이 없어야 한다는 뜻이다. 많은 골퍼들이 잘 알고 있지만 실제 라운드에서는 적응하기가 쉽지 않다. 골프장 첫 번째 홀에서 마지막 18홀까지 내 뜻이나 이론대로 되지 않을 때가 참으로 많다.

　젊은 시절에 해외 근무하면서 골프 라운딩을 많이 했다. 골프를 무척 좋아도 했지만 업무 특성상 주말이면 골프장 가는 기회가 많았다. 그렇다고 핸디가 싱글로 잘 치는 골퍼도 아니고 그저 평범한 샐러리맨 골퍼였다. 보다 더 핸디가 낮은 골퍼가 되려고 골프이론 서적을 읽거나 티브이 등을 시청하고 프로골퍼에게 개인 코치도 받았지만 실제 라운딩에서는 이론처럼 되지 않은 경우가 많았다. 마음 같아서는 공을 골프채로 치면 착 맞아서 원하는 곳에 떨어져야 하는데 현실은 실력 탓이거나 실제 현장 주위 환경 때문에 다른 방향에 떨어지거나 엉뚱하게도 뒤땅을 칠 때가 있고 어처구니없게도 헛스윙하기도 했다. 현장 필드에서 18홀 약 6km의 1라운딩하는 동안에는 티잉 그라운드, 페어웨이, 그린, 해저드, 벙커 등을 거쳐야 하는데 어떤 때는 공 방향이 크게 잘 못 가서 오비가 되는 경우도 있다. 흔히 도심에서 스크린 골프를 하다가 실제 필드에 와서 라운딩을 시작하는 신참 골퍼들이 현실감각 부족으로 범실을 자주 하면서 당황해하는 이유다.

　시행착오(試行錯誤)는 미국 심리학자 손다이크(Edward Thorndike)가 제창한 학습 원리의 하나로 학습자가 목표에 도달하는 확실한 방법을 모르는 채 본능, 습관 따위에 의하여 시행과 착오를 되풀이하다가 우연히 성공한 동작을 계속함으로써 점차 시간을 절약하여 목표에 도달할 수 있다는 원리다. 발명왕 토머스 에디슨은 전구를 발명할 때까지 1천 번 이상 실패를 거듭했으나 '실패는 일을 진행해 나가는 과정'이라며 '실패는 성공의 어머니'라고 했다. 그리고 그는 '나는 실패하지 않았다. 단지 작동되지 않는 1만 가지 방법을 발견했을 뿐이다.(I have not failed. I've just found 10,000 ways that won't work.)'라는 유명한 말을 남기기도 했다. 답은 현장에서 실전과 시행착오를 통해서 확실하게 알 수 있다는 의미다. 어떤 의미에선 정주영 회장의 '해봤어?'와 일맥상통한다고도 할 수 있다.

시행착오는 두려워하는 사람에게는 계속 따라다녀도 부딪쳐서 개선하려는 사람 곁에는 붙어있을 틈이 없는 것 같다.

(2023. 1. 18)

# 호기심을 따라서

　매년 연초에는 신상품을 많이 출시한다. 그에 따른 신상품 광고도 쏟아지기 마련이다. 정보통신기기나 자동차 등의 출시가 그런 경향이 많다. 스마트폰이 처음 출시한 후 몇 년간은 새로운 스마트폰이 출시될 때마다 교체한 적이 있었으나 요즘은 그냥 사용 중인 모델을 업데이트만 계속해도 불편이 없는 것 같다.
　요즘 젊은이들은 새로운 스마트폰이 출시되면 기능성보다는 유행 따라서 교체하는 경우가 많다고 한다. 새로운 제품 정보를 다른 사람보다 먼저 접하고 구매하는 사람들을 얼리어답터(early adopter)라고 한다. 얼리어답터는 세상의 변화에 민감하고, 호기심이 많으며 관심 분야에서 남보다 앞서서 더 많은 정보를 얻는 것에서 기쁨을 느끼는 소비자다. 물론 호기심이 많아서 관심을 갖기도 하지만 소비자들이 시간과 노력을 아낄 수 있는 편리한 상품이나 서비스를 받기 위해서 약간의 비용을 지불하더라도 좀 더 개선된 프리미엄 서비스를 선호할 수도 있다. 호기심을 가진 사람은 얼리어답터의 소비군으로 생각할 수도 있지만 편리함을 추구하는 평범한 소비군이라고 할 수도 있다. 누구나 편리함을 지향하는 것은 보편적인 사고이기 때문이다.

스마트폰뿐만 아니라 자동차 등 대부분의 상품도 끊임없이 변하고 또 다른 새로운 것이 등장하고 그때마다 새로운 것을 어떻게 받아들여야 할까를 선택하며 생활한다. 강물은 쉼 없이 흘러가므로 '같은 강물에 발을 두 번 담글 수는 없다'라고 고대 그리스 철학자 헤라클레이토스(Heracleitos)가 말했듯이 모든 것이 변하고 있기 때문이다. 계속 변화하는 과정에서 새로운 것에 대해서 유쾌한 호기심으로 사랑과 열정으로 '새로움을 추구하는 욕구'를 심리학에서 네오필리아(neophilia)라고 부른다. 네오필리아는 새로운 것을 향한 열정과 사랑을 의미하는데 이때 새로운 물건만이 아니라 낯선 환경이나 새로운 도전 등을 과감히 받아들이려는 적극적인 마음 자세를 의미한다. 새롭고 낯선 대상을 보면 두려움을 느끼기보다는 호기심이 앞서면서 좀 더 적극적으로 다가가려고 한다. 앞서 언급한 얼리어답터도 기본적으로는 네오필리아 성향이 강한 사람이라고 볼 수 있다.

그러나 네오필리아와 반대되는 네오포비아(neophobia) 개념은 낯설고 새로운 것을 싫어하면서 공포까지 느끼는 심리를 뜻한다.

이러한 성향을 가진 사람은 새로운 게 나와도 적극적으로 사용하려고 하지 않는다. 네오(neo)는 새로움을 뜻하지만 포비아(phobia)는 공포심이 강박적으로 특정 대상과 결부되어 일상적인 행동을 저해하는 이상 반응을 의미한다. 무언가를 열렬히 사랑하는 행위나 증세의 필리아(philia) 개념과 반대되는 의미다. 새로운 상품들이 쏟아져 나오는 오늘날에는 변화에 대응하는 새로운 것들을 적극 수용하는 네오필리아가 더 낫다고 생각하는 사람이 많은 거 같다. 나도 그렇게 생각한 편이고 호기심이 많아서인지 새로운 통신기기 등의 기능 등을 알기 위해 적극적으로 배우려고 이따금 정보기기 회사에서 제공하는 제품 설명회 등에 참가한다. 문서 작성 등에 필요한 아래아한글 최선 버전이나 마이크로소프트 365를 통한 워드나 엑셀 등을 최대한 활용하기 위하여 관련 앱을 다운받고 주기적으로 업데이트한다.

　중국 고사에서 상나라 탕왕은 세숫대야에 일신우일신(日新又日新-날로 새롭고 또 날로 새로워짐)을 새겨 두어, 아침에 일어나 낯을 씻을 때마다 어제의 자신을 돌아보고 오늘의 자신을 다짐하는 자기 수양을 통하여 끊임없는 변화와 발전을 추구했다고 한다. 물론 현대사회에서 매번 새로운 걸 받아들인다고 이전보다 편안하고 행복해진다고 단적으로 말할 수 없을 것이다. 새로움을 추구하면서 끊임없는 변화를 통해서 자기 발전을 이루어야 한다는 강박관념에 사로잡혀 보편적인 행복을 느끼기는커녕 항상 위기와 긴장 속에서 살아갈 수도 있다는 것이다. 중국 속담 '변화의 바람이 불면, 어떤 사람은 벽을 쌓고 어떤 사람은 풍차를 단다.'와 같이 새로움이 다가와도 개인의 사정에 따라서 받아들이는 개념은 각양각색일 수 있다. 따라서 공자가 논어의 위정편에서 말한 '온고지신- 옛것을 익히고 새로운 것을 알라'의 뜻은 옛것과 조화를 이루면서도 새로움을 거부하지 말고 적극 수용하는 의미일 것이다. 어쩌면 찰스 다윈의 '진화론'에서 '생존을 위한 변이는 그 개체를 보존하도록 작용할 것이다'라고 말했듯이 살아남기 위해서는 변화를 받아들여야 할 것 같다.

  루이스 캐럴의 소설 『겨울 나라의 앨리스』에서 붉은 여왕의 손을 잡고 달리던 앨리스가 '계속 뛰어도 제자리인 것이 이상하다'며 묻자 여왕은 '제 자리에 있고 싶으면 계속 뛰어야 한다'라고 말했다. 요즘 현대인들은 앞으로 나아가기 위해서가 아니라 현재 자리에 머물기 위해서도 계속 뛰지 않으면 안 되는 세상이 된 것 같다. 헬스장 등에서 흔히 볼 수 있는 러닝머신을 한동안 거실에 설치하여 걷기나 달리기 연습을 한 적이 있다. 천천히 걷거나 빨리 걸으려면 러닝 속노계를 소절하듯이 새로움의 파도도 형편에 따라서 조절하면서 받아들이는 지혜가 필요하다.

(2024. 1. 3)

# 취나물 캘 무렵

　며칠 전 친구가 떠나갔다. 젊은 시절부터 반세기가 넘도록 오랫동안 절친하게 사귀던 친구였다. 십오여 년 전에 아내와 사별하고 홀로 지내다가 노환으로 몇 년 동안 요양원에서 힘겨운 치료를 받고 있었는데 최근에 폐렴이 악화되었다고 한다. 이따금씩 고인의 자식과 친지들을 통해서 근황을 전해 들었지만 이렇게 쉽게 떠날 줄은 몰랐다. 코로나로 인하여 일반인의 면회는 금지되었다고 하지만 그래도 그의 입원 중에 문병하지 못한 것이 못내 아쉬웠다. 부음을 듣고 삼성병원 장례식장에서 친구들과 함께 문상할 때 흰 국화꽃으로 둘러싸인 영정 속의 고인은 금방이라도 활짝 웃으며 걸어 나와 반갑게 악수를 청하려는 듯했다.
　우리가 젊은 시절에 꼬맹이였던 상주들은 이젠 오십 대

가 되었고 고인의 손주들은 대학생으로 문상객들을 안내하고 있었다. 이번 문상 온 친구들과 함께 회사 초년생 때부터 반세기가 넘도록 서로 다정하게 지냈던 친구였다. 우리 친구들이 결혼도 거의 같은 무렵에 하였으므로 자식들의 나이도 서로 엇비슷하다. 한때는 같은 회사의 사택단지 안에서 생활한 적도 있었기에 부부간에도 서로 잘 아는 사이였다.

고인은 이십여 년 전 어느 화창한 봄날 고향 강원도에 있는 그의 콘도에 친구 부부들을 초청하였다. 숙박하면서 평창군 봉평면에 있는 이효석 생가도 방문하였다. 『메밀꽃 필 무렵』 배경인 물레방앗간 등도 둘러보며 소설 속의 허생원과 성서방네 처녀와의 첫날밤 이야기와 그 후 봉평 마을을 잊지 못하는 허생원의 이야기 등으로 밤이 새도록 도란거렸다. 콘도 근처의 산자락에도 올라가 송이버섯이나 고사리 또는 취나물을 캐기도 했다. 나는 그 이전에는 어렴풋이 취나물의 이름만 들었으나 어린 취나물 잎으로 밥이나 고기, 반찬 따위를 싸 먹고 어린 참취 또는 그 잎을 삶아 양념을 겨서 묶으면 봄철의 별미 취나물이 된다는 것을 그때 알았다. 또한 깊은 산속 곰이 먹는다는 유래를 가지고 있는 곰취는 취나물 중에서도 부드럽고 쌉싸름한 맛과 은은한 향이 봄철의 나른함을 깨워준다는 것과 식용 가능한 취나물의 종류가 24종이라는 것도 알았다.

산나물에 대한 해박한 지식을 가졌던 고인의 부인은 간호사 출신으로 아주 강건한 편이었으나 십오여 년 전에 암으로 안타깝게도 먼저 타계하였다. 그때 갑작스런 부음은 친구들에게 많은 슬픔을 안겨주었다. 그 무렵도 이번 고인이 가는 날처럼 봄철이었다. 그 부인의 장례식 때 우리들은 이번에 고인이 된 친구의 고향 강원도 장지에 가서 매장 절차를 말없이 지켜보았다. 아무도, 아무 말도 하지 않았다. 우리가 본 것은 찰나의 시간이 스쳐 간 흔적, 흔적이 사라지는 세월이었다. 고인의 관 위 붉은 명정에 한 줌의 흙이 놓이며 고요가 아득히 흔들릴 때 우리는 하염없이 머-언 푸른 하늘만을 쳐다보았다.

고인은 부인을 사별한 후 한동안 그런대로 친구들과도 잘 어울리고 봄철이면 이따금씩 강원도 그의 고향 선산에 잠들어 있는 부인의 묘에 간다고 하였으며 언젠가는 우리도 함께 봄철에 성묘 가자고 하였으나 차일피일 미루다가 그렇게 실행은 되지 못했다. 안타깝게도 고인이 이번 그의 선산에 있는 부인 곁으로 떠날 때는 장례식장에서 작별을 할 수밖에 없어 아쉬웠다.

젊은 시절 고인보다 훨씬 이전에 병마와 싸우다가 먼저 세상을 떠난 다른 친구의 문상을 고인과 함께한 적이 있었다. 그때를 메모하였다가 훗날 창작한 「그대를 보낸다」를 나의 첫 시집 『초고층 아파트』에 싣고 고인에게 선물하기도 했다. 그런데 고인도 수년 동안을 병마에 시달리다가 유명을 달리하였기에 고인을 생각하며 아주 조용히 시를 읊조려봤다.

## 그대를 보낸다

향 피우고 예 올리고 상주와 인사할 때
조문객들 오가고 처자식과 친지들 슬피 울어도
아는 듯 모르는 듯 잔잔한 미소

영정 속 그대
반가이 손님들 맞아 안부도 묻고 옛이야기 나누고도 싶겠지
병마와 싸웠던 고통이며
그동안 못 마셨던 술 맘껏 마시며 취하고 싶기도 하겠지
이승의 마지막 밤을 함께 즐기자고
국화 속에서 금방 걸어 나올 듯한데

무심한 사람아
창밖엔 세월처럼 어둠이 덮치고
더 큰 어둠 속으로 그대는 떠나가려나
시나브로 꽃잎이 지듯
우리의 우정도 시들어야 하는지
부질없는 눈물로 그대를 보내니
남은 자의 길이 다만 아득하기만 하네

(2022. 5. 12)

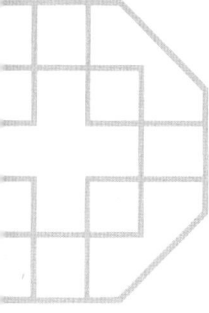
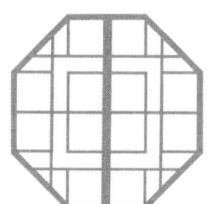
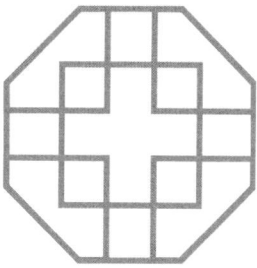

# 2

## 터 잡기와 기다림

## 꽃잎에 써서 묻는 안부

지난달에 한미 양국 정상 부부는 워싱턴 DC 한국전 참전 용사 기념 공원을 함께 찾았다. 윤 대통령과 바이든 대통령 부부는 헌화대에서 고개를 숙여 묵념하고 참전 용사들을 추모했다. 양 정상 부부는 공원 내 '추모의 벽(Wall of Remembrance)'도 둘러봤다. 공원 주변에는 벚꽃과 목련이 흐드러지게 피어 있었다. 미 국립공원 '내셔널 몰' 안에 있는 이 공원은 1995년 한국전 참전 용사 기념비 제막과 함께 조성됐으나 그 안에 '추모의 벽'은 작년(2022) 7월에야 늦게 설치되었다. 추모의 벽에는 6·25에 참전한 미군 전사자 3만6천여 명과 한국인 카투사 전사자 7천여 명의 이름이 새겨져 있다.

'추모의 벽' 제막식에 참석했던 백발의 미국 재향군인 제시 잉글하트는 개관 행사에서 추모의 벽에 새겨진 옛날

전우들의 이름을 하나씩 어루만지며 크게 오열했다. 그는 1950년 9월 이름도 낯설고 생소했던 '코리아'에서 벌어진 전쟁에 투입된 꽃다운 19세 청년이었지만 이젠 어느덧 주름이 깊게 파인 91세 노인으로 변했다. 그 기사를 읽으며 불현듯 그 노병처럼 젊은 나이에 참전했던 나의 큰형의 생사와 안부가 궁금해지기도 했다. 미국에서 6·25는 '잊힌 전쟁'으로 불린다. 워싱턴DC에 있는 베트남전 참전 기념 공원 내 '추모의 벽'에는 전사자 등 5만 8천여 명의 이름을 새긴 조형물이 40여 년 전에 세워졌지만 한국전쟁 참전 기념공원에는 그동안 전사자 이름을 새긴 '추모의 벽' 조형물이 없었다.

내가 미국 워싱턴 DC의 한국전쟁 참전 기념공원을 처음 방문한 것은 2005년 4월이었다. 단체관광으로 방문할 무렵은 완연한 봄 날씨로 그때도 벚꽃과 목련꽃 등이 흐드러지게 피어나고 있었다. 기념공원에 전사자들의 이름이 새겨진 '추모의 벽'은 없었고 다만 판초(poncho)를 입은 채로 철모를 쓰고 한 손에는 장총을 들고 천천히 걸어가는 19명의 미군 병사 동상조형물의 모습만 보여서 어쩐지 무언가 텅 빈 것 같았고 을씨년스럽게 보였다. 꽃다운 젊은 나이에 이름도 낯설고 생소한 극동의 이국땅에서 자유와 평화를 위해서 안타깝게 스러져 간 수많은 전사자들의 이름이 새겨진 '추모의 벽'이 만시지탄 감이 있지만 작년에라도 세워져 가까이서 그들을 추모할 수 있어 다행이다. 새겨진 영혼들은 기념공원 주변에서 피고 지는 수많은 벚꽃이나 목련 등과도 가까이 지낼 수 있어 외로움이 덜할 것 같다.

지난달 대전 현충원에 성묘를 다녀왔다. 집안 어르신이 그곳에 영면하고 있어서 이따금씩 현충일 무렵에 갔으나 올해는 다소 일찍 다녀왔다. 그곳도 다른 여러 곳의 국립묘지와 마찬가지로 묘지 주변에는 벚꽃과 목련꽃이 많이 피어 있었다. 동작동 국립묘지뿐만 아니라 해외생활을 하였을 때는 주재국의 국립묘지 등을 가끔씩 방문하여 추모했는데 국내외를 막론하고 대부분 국립묘지 내부 잔디광장에는 추모 비석이 줄지어 세워져 있고 묘지 주변에는 벚꽃이나 목련 등 여러 가지 종류의 꽃나무 숲을 묘지와 어울리도록 조경을 아름답게 했다.

워싱턴 DC 한국전 참전 용사 기념 공원의 '추모의 벽'에 새겨진 수많은 전사자들이나 국립묘지에서 해병들이 하얀 제복을 입고 줄을 잘 맞춰서 도열하고 있는 모습의 수많은 묘지를 돌아보다가 그들의 인적사항을 알았을 때는 마음이 더 무겁고 숙연해졌다. 언제나 외롭고 쓸쓸하게 그 누군가를 기다리고 있는 듯하며 누구에게라도 이야기하고 싶은 것 같고 가족이나 친지의 소식을 애타게 기다리고 있는 것 같은 그들의 모습이 애처로웠다. 그들의 영혼과 흐드러지게 피어나고 있는 묘지 주변의 꽃들의 모습을 형상화하여 훗날 위로의 영시 「Outside the National Cemetery(국립묘지 밖)」을 창작 발표하였는데 지난 2018년 미국 재향군인의 날(Veterans Day 11월 11일)에 미국 재향군인 '홈페이지 As You Were: The Military Review, Vol. 9'에 실렸다.

## Outside the National Cemetery

White magnolias brightly bloom/ in the isolated places outside the national cemetery./ The white gravestones lined up in the cemetery/ welcome the magnolias that come each year in April./ Wearing their white uniforms, the magnolias are like officers in the navy/ receiving an inspection from their admiral./ The captivated white petals console the souls in the cemetery./ The souls of those who laid down their lives for their nation./ The souls beneath the gravestones have eagerly waited a long time for their friends and relatives./ The magnolias ghostwrite the letters for the souls in their petals/ and send them on the breeze to those who live in remote parts of the country./ On windy days they sing the song of April and dance with the branches/ scattering the petals on the graves./ In the night sky interspersed with stars/ the souls and petals are dreaming a dream together.

## 국립묘지 밖

국립묘지 밖 외딴곳에/ 하얀 목련꽃이 활짝 피었다/ 묘지 안에 늘어선 묘비들이/ 매년 4월에 피는 목련꽃을 반긴다/ 목련꽃들은 하얀 제복을 입고/ 제독의 검열을 받는 해군 장병들 같다/ 매혹적인 하얀 꽃잎들은 나라를 위해 목숨을 바친 후/ 묘지에 누워있는 영혼들을 위로해 준다/ 묘석 밑에 누운 영혼들은 오랫동안/ 친구나 친척들이 찾아 주기를 갈망해 왔다/ 목련은 자신의 꽃잎들에다 영혼들의 편지를 대필한 다음/ 미풍에 실어 멀리 있는 그들에게 보내준다/ 바람 부는 날이면 목련은 나뭇가지들과 함께/ 4월의 노래를 부르고 춤을 추며 꽃잎을 무덤에 뿌린다/ 영혼들과 꽃잎들은 별이 빛나는/ 밤하늘에서 함께 꿈을 꾼다

(2023. 5. 11)

# 노블레스 오블리주

'너나 잘하세요'라는 우스갯말이 있다. '당신이나 잘하시지 왜 남의 일에 참견하느냐'고 상대에게 아니꼽게 되받아치는 말이지만 자기와 별로 관계없는 일이나 말 따위에 끼어들며 아는 체하거나 '이래라저래라' 간섭하려는 사람들에게 내뱉는 불만의 목소리다. 나이 든 어르신이 길거리나 지하철 등에서 공중도덕을 지키지 않은 젊은이들을 보고 훈계하려 했다가 낭패를 당하는 사례는 수없이 많이 들었다.

자칭 의인이라는 친구는 부인으로부터 외출할 때마다 눈에 거슬리는 것을 봐도 그냥 소가 닭 쳐다보듯 참견을 말라고 수시로 듣는다고 한다. 그 친구는 세상이 아무리 변해가더라도 우리까지 눈감으면 누가 미풍양속을 지켜나가느냐고 역설을 하지만 듣는 젊은이들은 불편해한다. 뿐만 아니라 그는 재활용품 분리를 제대로 안 하면 신음하는 지구를 누가 지켜 가느냐고 거대 담론을 말하며 자기 아파트 주민들에게 무안을 주기도 한단다. 일상생활을 하면서 도덕적으로 안 좋다는 것을 뻔히 알면서도 그냥 외면하는 경우가 허다하다. 재활용품의 경우도 우리들이 무지하거나, 내용을 잘 알면서도 귀찮거나 습관적으로 제대로 분리 않는 경우가 참으로 많다.

  강의실에서 일회용 종이컵 대신 집에서 가져간 스테인리스 컵 등을 사용하는 수강생들이 늘고 있다. 교수께서 자신의 스테인리스 컵을 보이며 우리부터 실천하자고 했기에 많은 학생들이 동참하고 있다. 공중도덕이나 미풍양속 지키려고 내 친구처럼 주위 사람들에게 권면하거나 시들어가는 지구를 살리기 위하여 개인이나 지방자치단체 또는 자연환경보호단체 등에서 미디어를 통하여 다양한 방법으로 구호나 주장을 역설하고 있다. 그러나 그보다 못지않게 더 중요한 것은 그것을 접하며 매일 사용하는 일반 대중들이 사소한 것이라도 스스로 솔선수범하여 실천하는 것이다.

  노블레스 오블리주(noblesse oblige)는 프랑스어로 사회 고위층 인사에게 요구되는 높은 수준의 도덕적 의무를 말한다. 높은 사회적 신분에 상응하는 도덕적 의무를 뜻하는 말이다. 초기 로마시대에 왕과 귀족들이 보여 준 투철한 도덕의식과 솔선수범하는 공공정신에서 비롯되었다. 그때 로마 사회에서는 고위층의 공공봉사와 기부 등의 전통이 강하였다. 근대와 현대에 이르러서도 '노블레스 오블리주'는 계층 간 대립을 해결할 수 있는 최고의 수단으로 여겨져 왔고 특히 전쟁 같은 총체적 국난을 맞이하여 국민을 통합하기 위해서는 무엇보다 기득권층의 솔선하는 자세가 필요했다는 것이다. 실제로 세계 1, 2차 대전과 6·25전쟁 때에도 영국과 미국의 고위층 자제들이 솔선수범 많이 참전하여 전사나 부상을 당했다.

　최근에도 '노블레스 오블리주'는 사회 고위층 특히 재벌이나 부유층 인사들이 기부형식을 통해 부를 사회에 환원하는 의미로 이따금씩 사용되기도 하지만 계급사회가 아닌 현대사회에서는 그들만의 일이 아니다. 공중도덕이나 미풍양속을 잘 유지 발전시키는 일 그리고 지구를 살리는 탄소중립* 실천은 일부 부유층이나 사회 지도층만이 아닌 보통사람으로 살아가는 그 누구라도 올바르게 실천하도록 노력해야 한다는 사실이다. 중요한 것은 실제 행동이다. 필자도 실천이 중요하다는 것을 그동안 이해하고 있었으나 실제 행동으로 옮기지 못한 경우가 허다했다. 특히 종이컵 사용이 그랬다. 그동안의 습관과 편리성 때문만 아니라 주위의 시선도 한몫을 거들었다고 해명하면 면피성 나의 변명일 것이다.

　지난 2월에 일회용 컵으로 커피를 매일 마시면 연 2천600개의 미세플라스틱에 노출된다고 한국소비자원이 발표했다. 소비자원은 시중 유통 중인 일회용기를 시험 결과 개당 1.0-29.7개의 미세플라스틱이 검출되어 인체 위해성은 아직 밝혀지지 않았지만 다회용기보다 무려 2.9-4.5배까지 더 많았다고 한다. 독일 등 일부 외국에서는 일정 규모 요식업소에서 다회용 컵 사용이 의

무화되었고 국내에서도 정부기관, 지방자치단체와 대형 카페 등에서 다회용 컵 사용을 시행 중인 곳이 많다. 이러한 내용을 알면서도 무관심하다가 교수님 제안을 듣고 곧바로 실천에 옮겼다. 나는 오랫동안 아내와 종교 동아리 활동을 같이하면서 회원들의 음료와 스테인리스 컵을 집에서 챙겨갈 때에 가벼운 종이컵도 많은데 청승맞게 무거운 컵을 굳이 가져가야 하느냐고 아내에게 핀잔도 주었지만 지금은 이해할 수가 있을 거 같다.

 현대사회에서 우리가 지켜나가야 할 미풍양속이나 지구촌 살리기 운동은 지도층들은 물론 소위 말하는 엘리트 집단뿐만 아니라 이를 매일 체험하며 실질적으로 행동하는 일반 대중, 특히 서울 등 대도시 주민들도 '노블레스 오블리주' 정신, 쉽게 말하면 솔선수범하는 행동이 절실하다. 공중도덕 지키자고 남에게 권면에 앞서 몸소 행하기와 지구를 살리기 위한 다회용 컵 사용하기, 쓰레기 덜 버리기, 분리수거 잘하기, 불요전원 끄기, 물 아껴 쓰기, 장바구니 사용하기, 계단 사용하기, 음식 덜 남기기 등 나부터 솔선수범 실천해야 할 사소한 것들은 너무도 많다.

 '너나 잘하세요'라고 듣기 전에 '자중하며 나부터 잘해야지'를 다짐해본다.

\*탄소중립: 탄소를 배출하는 만큼 그에 상응하는 조치를 취하여 실질 배출량을 '0'으로 만드는 일.

(2023. 4. 20)

# 또 다른 내일

　　연말이다. 도심 상가나 호텔 등에서 조명장식으로 크리스마스와 연말 축제 분위기를 띄운다. 팬데믹 이후 첫해라서 그런지 올해는 더 화려하게 꾸민 것 같다. 이 무렵에는 몇 차례의 송년행사나 동아리 모임 등에 참석하면서 지나가는 한 해를 아쉬워하기 마련이다. 며칠 전 모임에서도 아듀(adieu) 2023년을 합창하며 찻잔을 기울이면서도 내 마음을 스치고 지나가는 것은 지난해에도 못다 한 다양한 꿈이다. 문학 장르에서 여러 분야를 더 많이 알고 싶었고 특히 소설 쓰기에 대해서도 관심이 있었으나 입문조차 하지 못해서 연말이면 늘 아쉬웠다. 그런데 올해 연말은 우연히 때맞추어 수필 교수님이 며칠 전 이태준 단편 소설 『복덕방』을 소개했다.

　　몰락하여가는 주인공 안초시를 중심으로 서참의와 박희

완 영감이 모여 있는 복덕방을 무대 중심으로 한 작품이다. 구한말 무관이었지만 가옥 중개업으로 근근이 먹고사는 복덕방 주인 서참의, 재판소에 다니는 조카를 빌미로 대서업을 하려고 운동하려는 박희완 영감, 그리고 무용가 딸을 두고 땅 투기를 하다가 실패한 안초시, 이들이 복덕방을 터전으로 연명해 간다. 그 가운데 안초시 노인이 딱하게 세상을 떠났다는 내용이다. 안초시는 무용하는 딸이 용돈을 잘 주지 않아 항상 불만을 가지고 있는데 서해안에 항구가 생기니 땅을 사 두라고 딸에게 권한다. 그러다가 낭패를 보게 되어 결국 자살하고 노인들이 장례식에 참여하여 장지까지 따라가려 했으나 거기 모인 딸을 비롯한 젊은이들의 행태에 반감을 가지면서 가지 않는다는 줄거리다.

예술이나 학문 따위를 직업으로 하는 것이 아니고 취미 삼아 하는 태도나 경향을 딜레탕티슴(dilettantisme)이라고 한다. 물론, 딜레탕티슴에 의해서는 예술이나 학문의 의미와 가치가 이해되지 않으면 왜곡되기 쉽다고 주장하는 사람들도 있다. SNS와 같이 소셜 미니어가 급속히 발달하고 있는 요즘은 글을 쓰는 일을 직업으로 하여 생계의 수단으로 삼는 사람은 그다지 많지 않다고 한다. 대부분의 문학 관련 동호인들도 딜레탕티슴으로 글을 쓰고 있는 것 같다. 나도 그렇다. 학창 시절부터 문학에 관심이 많았기에 은퇴 후에 글쓰기를 시작하여 시와 수필집 등을 한글과 영어로 9집을 출간했지만 직업의식을 가진 적은 없다. 소득보다는 학창 시절부터 동경하던 문학활동을 취미 삼아 계속하고 있다.

이렇다 보니 어떤 지인은 이따금 나를 글쟁이라고 놓을 건다. 글 쓰는 것을 직업으로 하는 사람을 낮잡아 이르는 말이지만 어쩐 지 싫지는 않다. 또한 지인들과 모이면 자기들 주변에서 일어났 던 일상사를 글감이라고 알려주면서 써보라고 권면한다. 며칠 전 에는 학창 시절부터 절친한 친구에게 택배가 왔다.

  묵직한 택배를 개봉하며 깜짝 놀랐다. 소설과 수필쓰기 관련 전문 서적 17권을 보냈다. 문학사상사의 미국 유명 소설가 딘 쿤 츠 작(박승훈역)『베스트 셀러 소설 이렇게 써라』서울대 교수 겸 평론가 박동규 작『글쓰기를 두려워 말라』강원대 교수 겸 작가 전상국 작『당신도 소설을 쓸 수 있다』그리고 현대문학사의 고 대 교수 겸 작가 송하춘 작『발견으로서의 소설기법』과 한양대 교수 겸 작가 현길언 작『소설쓰기의 이론과 실제』, 보성사의『추 리소설 쓰는 법』,『논픽션 쓰는 법』, 그 밖에도 여러 출판사 등에 서 펴낸『소설 작법』『어떻게 쓸 것인가』,『소설 창작법』그리고 나라사의 수필가 오창익 저『수필문학의 이론과 실제』등을 보냈 다. 보내기 전에 아무런 귀띔도 없었기에 친구에게 웬일이냐고 전화했더니 대답은 의외로 간단했다. 너를 돕고 싶단다.

  대기업에서 고위직으로 은퇴 후 유유자적하게 인생 후반부를 보 내고 있지만 그 친구도 소위 말하는 딜레탕티슴으로 소설이나 수필 을 쓰려고 했다는 것이다. 그는 직장생활을 수십 년간 하면서 소설 과 수필의 창작 관련 전문서적을 구입하여 읽으며 꾸준히 준비하였 으나 그냥 친구를 돕는 것이 좋을 것 같아서 보냈다는 것이다. 보 낸 서적 뒷면에는 구입한 날짜가 각기 기록되었고 책의 주요 내용에는 붉은 줄을 그으며 정독했던 흔적이 묻어났다. 그토록 애지중지하던 전문서적을 몽땅 내게 보냈다기에 눈물겹도록 고마웠다. 그 친구를 위해서라도 언젠가는 소설도 써야겠다고 생각했다.

문학에서 서정, 서사 또는 시, 소설, 희곡, 수필, 평론 따위로 나눈 기본형을 장르(genre)라고 하는데 작가가 평생 동안 여러 가지 장르의 작품을 남기기는 쉽지 않다고 한다. 그러나 「메밀꽃 필 무렵」과 「낙엽을 태우면서」 등 110여 편의 수필을 쓴 이효석은 장편소설 「화분」 등과 단면 소설 「해바라기」 등을 썼을 뿐만 아니라 희곡과 시나리오를 썼다. 『인연』 등의 많은 수필집을 쓴 피천득도 처음에는 시인으로 출발하여 「서정소곡」 등을 발표하고 훗날 『서정시집』과 『피천득 시집』 등을 출간했다. 이와 같이 유명 작가들이 여러 장르의 작품을 발표하기도 하지만 하나의 장르를 고집하는 경우도 흔하다. 물론 취미 삼아 시나 소설 또는 수필을 쓰는 사람들도 여러 가지 장르에 관심을 가지는 것은 마찬가지다. 시와 수필을 쓰면서도 호기심이 많아서인지 새해에는 소설에도 입문하고 싶은 이유다.

연말이면 새해를 기약하며 마거릿 미첼 소설 『바람과 함께 사라지다』의 마지막 대사 '내일은 또 새로운 날이니까(After all, tomorrow is another day)'가 자주 떠오른다. 소설을 영화화한 것을 국내에서 방영하면서 '내일은 내일의 태양이 뜬다.'라고 번역도 했지만 내일은 새로운 날이라는 의미일 것이다. 아무튼 새해 갑진년(甲辰年)에는 다방면에서 보람찬 또 다른 내일, 또 다른 내 모습이 되면 좋겠다.

(2023. 12. 14)

## 일손과 국제화

요즘은 농촌 모내기철이다. 보통 남부지방은 5월 중순에 중부지방은 6월 초순경에 모내기한다. 농번기지만 농촌 인구의 급격한 감소와 노령화가 심화되고 있어 일손이 많이 부족하다고 한다. 농촌 일손뿐만 아니라 어업과 조선업 등 노동시장 전반에 걸쳐 일손이 절대적으로 부족하다. 정부는 이러한 일손 부족을 해소하기 위하여 파종 시기나 수확기에 외국인 계절 근로자 프로그램이나 산업현장에서 고용허가제 등을 시행하고 있으나 저출산과 고령화 현상이 가파르게 지속되고 있어 일손 부족 해소를 못하고 있다. 외식업계도 마찬가지인 것 같다.

얼마 전에 6월 중순 가족모임을 가지려고 식당 예약을 하면서 출산율 저하에 따른 예약 풍속도가 많이 바뀌었음을 실감했다. 미국에 살고 있는 가족이 고국을 방문하게 되어 함께 식사를 하려고 했는데 식당 예약이 이전과 사뭇 달랐다. 요즘은 일손도 부족하고 핵가족이 대세를 이루고 있어 가족이 보통 4~6명이므로 웬만한 식당은 10명 이상의 단체손님 룸이 아예 없거나 드물었다. 2개의 룸을 하나로 합친 룸을 예약할 수밖에 없었다. 가족사진을 촬영할 사진관도 마찬가지였다. 10여 명 이상의 단체사진을 찍으려는 사람들이 현저하게 줄었다고 하며 그에 맞춰서 스튜디오 규모를 축소했기에 식당과 마찬가지로 예약하는 데 어려움이 있었다고 자식들이 귀띔했다.

  자원이 빈곤한 우리나라가 일제강점기와 해방 그리고 6·25전쟁과 산업화, 민주화 과정을 거치면서 도움을 받는 나라에서 도움을 주는 선진국 대열에 설 수 있었던 것은 많은 국민들이 무에서 유를 이루려고 모두가 각고의 노력으로 힘을 모은 결과라고 생각한다. 이렇게 선진국 대열에 들어왔으면 그렇게 생활하고 앞으로도 지속하여 선진국으로 지내려는 것은 인지상정이다. 그러려면 그에 상응한 대책이 필요하나 현실은 그렇지 못한 것 같다. 예를 들면 직장인들이 직장에서 육아 등으로 불이익을 받지 않고 업무에만 전념할 수 있도록 가사도우미를 보다 손쉽게 고용할 수 있는 여건들이 아직도 갖춰지지 않은 것이 현실이다.

  출산율이나 고령화 속도가 우리나라와 비슷한 일본에서는 저출산과 고령화를 대처하기 위해서 외국인의 이주노동자들에게 문호를 많이 개방하고 그들에게 이직 허용이나 체류 기간 폐지 정책 등을 속속 도입하고 있다고 한다. 우리나라도 육아를 하면서 맞벌이하는 직장인들이 국내 가사근로자 찾기가 어려움이 있으므로 보다 저렴한 외국인 가사도우미가 필요한 실정이다. 현재 국내 가사근로자 고용시장은 내국인과 중국 동포 중심으로 제한적이다. 이에 부족한 공급을 채우기 위해 외국인 도입의 유연화 대책 등이 여러 분야에서 논의되고 있으나, '최저임금'으로 인해 도입하더라도 가사근로자 고용이 쉽지 않을 것이라고 한다. 정치권에서는 싱가포르처럼 '저임금 외국인 가사근로자' 제도를 도입하자는 움직임이 있으나 노동시장의 제반문제 때문에 해결해야 할 과제들도 많다.

국내외에서 오랫동안 회사생활하면서 나도 여러 나라의 외국인 일손 도움을 많이 받았다. 회사 내에서 외국인 직원들은 물론 가정에서도 운전기사와 가사도우미의 현지인 일손 도움을 받았다. 그들은 자기의 직업을 아주 만족스럽게 생각하며 우리 국민처럼 최선을 다하는 모습에 지금까지도 잊히지 않는다. 그들은 그들의 가족에게 경제적으로 많은 도움을 준다고 하면서 우리에게 늘 고마움을 표했기에 우리도 즐거웠다. 지인은 이십여 년 전에 해외에서 근무하면서 외국인 가사도우미를 고용했는데 아주 성실하게 어린애들도 잘 돌보고 가사도 깔끔하게 잘 챙겨서 그 지인이 국내로 귀임할 때는 그 외국인 도우미와 함께 귀국했다. 그 후에 도우미의 가족 모두도 국내로 이민을 와서 이제 한국 국민이 되었다고 한다.

17세기 초반 종교의 자유를 위해 영국에서 온 청교도들이 정착해 세운 미국은 유럽과 아프리카 그리고 아시아 등 여러 나라에서 이민 와서 지금처럼 부국이 되었고 지금도 노동시장을 유연화하여 세계 각국으로부터 많은 고급 인력들을 이민 받고 있다. 미국에 살고 있는 한국계 인구는 210만 명이 넘고 우리나라에 거주하고 있는 외국인 숫자도 200만이 넘는다고 한다. 요즘 정치권에서도 자주 거론되는 앞서가는 선진국들처럼 보다 개방적인 이민정책과 노동시장 유연화뿐만 아니라 이제는 개별 국가 중심의 국가주의가 아닌 전 세계와 적극적으로 교류하는 국제화 시대가 되어 가고 있다. 지인들 가족 중에는 세계화에 걸맞게 유럽이나 미주 대륙에 이민 가서 정착하는 경우도 적지 않다. 어찌 보면 토종 한국인으로만 구성된 가족 14명 중에서 차남 가족 4명이 미국 시민권을 취득하여 그곳에 정착하고 있으니 나의 가족도 국제화가 된 셈이다.

출산율을 올리려고 정부와 정치권 그리고 국민 모두의 관심이 백가쟁명으로 뜨겁다. 가장 시급한 것은 앞서가는 선진국들처럼 일손을 쉽게 구할 수 있는, 그래서 직장인들이 일과 육아를 하는 데 도움이 될 수 있도록 개방적이고 국제화된 이민정책 실현과 노동시장 유연화를 앞당기는 것이 최우선 과제라고 생각한다.

(2023. 6. 1)

# 터 잡기와 기다림

대부분의 사람들은 터를 잡아 본 경험이 있다. 터는 집이나 건물을 지었거나 지을 자리 또는 활동의 토대와 일이 이루어지는 밑바탕을 나타내는 말로서 일터, 장터, 놀이터, 낚시터 등과 같이 무수히 많다.

지금의 서울 터는 조선이 개국하면서 태조가 1394년에 조선의 도읍지로 정한 이후 오늘과 같이 크게 발전하였다. 여러 가지 수난의 역사도 있지만, 지형학적으로 보면 다른 지역에 비하여 가뭄이나 홍수 등의 재해가 상대적으로 적은 터 같다. 사람들은 집이나 아파트의 보금자리 터를 평생 동안 몇 차례씩 옮기기도 하고 일터인 직장이나 상가 등을 변경하기도 한다. 그때마다 옮기는 장소의 일터가 괜찮은지를 나름대로 여러 날 또는 수년 동안 곰곰이 생각하기 마련이다. 어떤 사람들은 점집에 가서 옮겨

갈 터의 길흉화복을 문의하며 점을 본다고 한다.

  요즘처럼 날로 새롭게 발전하고 있는 현대사회에서는 한곳에 오래 머물기보다는 자기의 형편에 따라서 수시로 옮기며 사는 경우도 많다. 나도 직장 관계로 단독주택이나 아파트를 오가며 몇차례 옮겨 살다가 현재의 아파트에서 직장과 은퇴생활을 오랫동안 계속하고 있으니 괜찮은 보금자리 터 같다. 사람들이 자기가 사는 보금자리 터를 중요하게 여기듯 낚시 동호인들은 낚시하는 곳의 터를 매우 중요시한다. 직장생활하면서 직장 내 가을 민물낚시 대회에 출전한 적이 있다. 수백 명이 버스로 커다란 저수지에 가서 낚시대회를 한다. 낚시대회가 아니면 낚시를 하려는 사람은 누구나 자기가 원하는 터 즉, 수초가 많고 바람이 잔잔하며 인적이 드문 곳이 물고기가 입질을 잘하므로 그러한 곳의 낚시터를 잡으려고 한다. 그러나 수백 명의 낚시꾼이 참여하는 낚시대회는 낚시하는 장소를 주최 측에서 미리 임의로 정하여 번호를 매겨놓고 낚시꾼에게는 추첨을 통하여 배정해 준다.

  낚시대회 때 내가 추첨을 통하여 배정받은 번호는 수초도 없고 왁자지껄하게 소란스러움이 예상되는 대회 주최 측 본부석 맨 앞이었다. 나와 같이 비인기 지역의 번호를 배정받은 수십 명의 참석자들은 매우 실망하여 대회를 아예 포기하고 수초가 많은 지역에 배정받은 다른 낚시꾼들을 구경하거나 낚시대회가 없는 다른 지역의 저수지로 옮겨갔다. 따라서 본부석 앞은 예상과 달리 인적이 드물고 한가했다. 대회 규정상 정하여진 낚시터를 임의로 옮기면 실격이다. 나 역시 포기하고 싶었으나 일단 참여하는 것에 만족하고 긍정적으로 생각하며 낚싯바늘에 떡밥 미끼를 끼워 넣고 꼿꼿이 앉아서 한눈팔지 않고 찌를 계속 주시하였다. 그러나 오후 중간 무렵까지 감감무소식이었다. 여기저기서 월척을 낚았다는 큰소리가 멀리서 들려왔지만, 나의 낚시찌는 피라미 하나도 물지 않은 듯 전혀 반응이 없었다.

그러나 '끝까지 마음이 흔들리지 않는다'는 사자성어 견인불발(堅忍不拔)을 떠올리며 김광섭의 시 「마음」을 읊조렸다.

 나의 마음은 고요한 물결/ 바람이 불어도 흔들리고/ 구름이 지나도 그림자 지는 곳// 돌을 던지는 사람/ 고기를 낚는 사람/ 노래를 부르는 사람// 이리하여 이 물가 외로운 밤이면/ 별은 고요히 물 위에 뜨고/ 숲은 말없이 물결을 재우나니// 행여 백조가 오는 날/ 이 물가 어지러울까/ 나는 밤마다 꿈을 덮노라//

몇 번인가 반복하고 있을 때 그 백조가 불쑥 내 앞에 다가왔다. 한산한 본부석 앞에서 그렇게 무표정하게 떠 있던 찌가 갑자기 쑤-욱 올라오지 않겠는가. 순간적으로 온몸에 전율을 느끼며 낚싯줄을 힘껏 당겼다. 무엇인가 묵직한 것이 걸린 것 같은데 전혀 나오려고 하지 않고 꿈틀거리기만 했다. 직감으로 월척이란 생각이 번쩍 들었다. 30여 분 이상을 고기와 씨름을 하면서 발밑까지 당겨 그물망으로 들어 올리는 동안에 많은 낚시꾼들이 내 주위에 몰려왔다. '월척이다' '대박이다'라고 크게 외치며 부러워했다. 무려 36.5cm로 월척(한자 30.3cm)보다 훨씬 컸기에 단연 1등 상장과 푸짐한 상품을 받았고 그 붕어는 탁본하여 훗날까지 보관하였다. 민물낚시 대회는 바다낚시와 달리 민물에서 붕어 등의 민물고기만을 취급하는 대회를 말한다. 기다림의 가치를 실감한 하루였다.

사람들이 자기가 바라는 좋은 터를 잡으려고 하는 것은 인지상정이다. 수많은 사람들은 자기에게 맞는 좋은 일터나 아파트를 찾으려고 노력한다. 지금까지 살면서 도심 속에서 상가의 개폐업과 아파트의 전출입 과정을 수없이 목격했다. 가게가 크게 번창하는가 하면 실패하여 손실을 감수하고 허망하게 철수하는 경우도 있었다. 전혀 장사가 되지 않을 것 같은 곳에서도 꾸준한 노력으로 대박을 터뜨려 많은 이익을 보기도 하지만 목이 좋은 곳에서도 허무하게 밑지고 가게를 다른 사람에게 넘기는 사례도 봤다. 바둑에서 '장고 끝에 악수 둔다'는 속담처럼 안타깝게도 수년간을 고르고 고른 아파트를 상투 잡고 구매하였다가 단기간에 큰 손실을 보기도 했다.

삶의 생존경쟁에서 이기고 지는 일은 다반사다. 사람과의 인연뿐만 아니라 일터와의 인연도 선연(善緣)이 되기도 하고 악연이 될 수도 있다. 그러나 지금까지 살면서 대인관계나 터와 관련된 인연들을 돌이켜 보면 끝까지 기다리며 최선을 다하는 사람들이 종국에는 선연으로 이루어지는 경우가 더 많았다. 내가 배정받았던 낚시터가 비인기 지역이었던 것처럼 지금까지 삼십오여 년을 살고 있는 현재의 아파트도 분양 당시에는 비인기 아파트였다. 서울시가 88서울올림픽을 앞두고 선수와 기자들의 숙소로 사용하려고 분양하였으나 인기가 없어서 처음에는 미분양 되었다. 일부 입주자들은 당첨되어 입주하였으나 전망이 없다고 다른 곳으로 이사를 했다. 나 역시 마음이 흔들렸으나 그냥 머물렀는데 매사에 한번 인연을 맺으면 매정하게 끊지를 못하는 우둔한 생각이 한몫을 한 것 같다.

중국 고사에서 강태공은 큰 뜻을 품고 웨이수이 강가에 빈 낚시를 드리워놓고 때 오기만을 기다렸다고 한다. 세상만사에 인연과 선연 그리고 악연은 기다림의 선택에서 비롯되는 듯하다.

(2023. 10. 12)

# 문학기행 여담

 봄가을이면 으레 문학기행을 한다. 몇 주 전에도 서울 근교에 지인들과 다녀왔지만 2019년 가을학기에 가평문학기행을 다녀왔던 것이 잊히지 않는다. 고대 수필창작반 교수님 그리고 문우들 10여 명과 함께 11월 7일 가평문학기행을 하면서 청평호와 남이섬의 늦가을 풍경 등을 둘러보았다.
 나는 여러 번의 문학기행을 다녀왔지만, 그날 하루 동안의 짧은 문학기행은 오랫동안 기억에 남아 있는 것 같다. 여행하는 동안에 보고 듣고, 느끼고, 겪은 것들을 적은 것을 기행이라고 하지만 대부분 문학기행은 그냥 스쳐가는 한 과정으로 얼마 지나지 않아서 잊히곤 했다. 그런데 남이섬의 경우는 내가 드라마 「겨울연가」를 감명 깊게 시청했기에 젊은 시절의 추억을 많이 떠올리게 했다. 겨울연가에서 준상(배용준)이와 유진(최지우)이가 함께 자전거를 탔던 아름다운 장면 등은 오랫동안 여운을 간직하게 한다. 그뿐만 아니라 가평여행에서는 문우들의 훈훈하고 따뜻했던 배려들이 지금까지도 잊히지 않는다.

 7호선 상봉역 경춘선 플랫폼에서 10시 10분경 출발하여 대성역에 10시 50분경 도착했다. 그곳 역에는 우리와 함께 수강하고 있던 L씨 부녀 문우 두 분이 우리를 반갑게 맞이했다. 가평에 별장을 가지고 있는 부녀 문우는 카라반형 고급 9인승 밴으로 직접 운전하고 안내했다. 우리를 처음부터 문학기행 끝나고 초저녁 무렵에 떠나오는 청평역 근처에서 저녁식사까지 풀코스를 본인 자비로 봉사했다. 함께 간 문우들이 자체 지불하겠다는 간청도 극구 사양했다. 청평호반 순례와 티타임을 가진 후 그곳 유명 진주콩나물국밥집에서 점심 후 남이섬 선착장을 통하여 선박으로 들어가고 나왔다.

 문우들은 남녀 반반씩이었다. 모두가 모처럼의 문학기행이어서인지 상봉역에서부터 홀가분한 분위기에 자유롭고 편안한 모습이었다. 상봉역에서 같이 갔던 B문우는 사진 전문지식이 해박한 분으로서 그날 며칠 전에 어머님 상을 치르면서 힘들었을 것 같았는데 동참하여 우의를 다지며 전 과정을 사진을 찍어 카톡방에 올렸기에 지금도 그날의 추억들이 주마등처럼 스쳐간다. 또한 여자 L문우는 처음부터 약간 무거운 듯 보이는 간이가방을 메고 있어서 궁금하기도 해서 도와주겠다고 했으나 한사코 사양했다.

11월 초순이지만 쌀쌀했다. 남이섬 몇 곳을 투어하면서 조금 출출할 무렵, 둘러앉아 휴식을 취하는 동안 여자 L문우가 궁금증을 풀어주며 모두를 따뜻하게 했다. 간이가방 안에 있던 오리털 잠바로 몇 겹을 싸맨 봉지를 펴자 김이 무럭무럭 나고 뜨끈뜨끈한 고구마가 우리들을 즐겁게 했다. 모두가 함박웃음을 크게 웃으며 그 문우의 정성 어린 선물에 감탄하면서 꿀맛 같은 고구마를 간식으로 즐겼다.

 우리는 남이섬 투어를 시작하기 전에 L문우의 산장에 먼저 초대되었다. 입구에 들어가자 상상을 초월할 정도의 낯선 경관들이 우리를 반기는 것 같았다. L문우 소유 십팔만 육천여 평의 나지막한 산기슭의 단풍 숲속에 그림 같은 2층 양옥 거실로 우리를 안내했다. 관심을 끄는 것은 3마리의 말을 보유하고 있었는데 얼마 전까지도 10여 마리를 키우고 있었다고 했다. 말을 타고 넓은 산장 주변을 관리한다고 했다. 또한 맹견과 트랙터 그리고 세계적으로 유명한 오토바이 등을 보유하고 있었다. L문우가 전년도에 그 산장을 구매하여 현재는 개발 중이며 더 멋진 모습으로 우리를 다시 초대하겠다고 했다. L문우는 그 바쁜 중에서도 좋은 작품들을 수필반에서 자주 발표했다.

 나는 십여 년 전과 그 이전에도 남이섬을 방문하여 유명 메타세쿼이아와 은행나무 숲길 등을 걸었고 남이장군 묘 주위를 둘러보기도 했지만, 그날만큼 감회가 덜했던 것 같다. 나는 문학 수강하면서 비교적 여러 곳의 문학기행을 했다. 전북 고창에 있는 미당 서정주 시문학관과 강원도 춘천 근처의 김유정 문학관, 평창군 이효석 문학관 그리고 버스를 전세하여 30여 명의 문우들과 함께 경기도 화천에 있는 파로호 근교 콘도에서 밤늦도록 캠프파이어를 하면서 우정을 나누기도 했다. 그러나 가평문학기행에서 L문우 부녀의 후덕하고 친절했던 모습과 따뜻하고 정성스런 마음을 가진 여자 L문우뿐만 아니라 함께 갔던 문우들의 정겨운 추억들은 지금까지도 여운이 길게 남아 있다.

(2022. 10. 13)

## 생태계를 보면서

올해 봄은 나비가 유난히 많이 보인다. 한동안 서울 도심에서는 나비 보기가 드물었는데 요즘 아침저녁 산책길이나 정원수에서도 수십 마리의 흰나비들이 보이고 심지어 아파트 3~4층 유리창 가까이까지 와서도 기웃거린다. 나비는 기후변화의 영향에 민감하여 따뜻한 겨울 이후의 봄철보다는 추운 겨울 이후가 더 잘 번성한다고 한다. 아마도 지난겨울이 예년보다 추웠는데 그 영향을 받은 것 같다. 나비뿐만 아니라 고추잠자리 등도 요즘은 심심찮게 보인다.

성내천도 하천 정비와 한강수 유입 등으로 수질이 많이 개선되어 야생 동·식물의 생태계가 원래의 모습으로 차츰 변화되어가고 있는 것 같다. 며칠 전에는 개천 수초 사이를 어미오리 두 마리가 올망졸망한 귀여운 오리새끼 여섯 마리를 이끌고 가며 고개를 처박거나 자맥질을 하면서 먹잇감을 찾고 있는 모습을 흥미롭게 지켜봤다. 어미오리 한 마리는 먹잇감을 찾는 동안 다른 한 마리는 앙증맞게 생긴 어린 새끼들을 보살피며 다른 포식자에게 먹히지 않도록 경계를 늦추지 않았다. 이따금씩 한눈팔고 해찰하여 대오를 떠나 이탈하는 새끼가 있으면 구에엑 구에엑 소리 지르며 어미 주둥이로 잡아당겨 합류시켰다.

  서울 도심의 생태계의 복원이 많이 되어가고 있다. 지난 1월에는 서울에서 멸종위기 1급이자 천연기념물로 지정된 수달이 서울 한강에서 15마리나 발견되기도 했는데 2016년 한강에서 처음 발견된 이후 개체수가 계속 증가하고 있다고 한다. 올림픽 선수촌 아파트 단지를 가로질러 흐르는 성내천도 2~3년 전부터 수달이 발견되었다. 아파트 단지 내 작은 동산 숲속이나 마로니에 나무줄기를 오르락내리락하는 다람쥐 가족은 사람들에게 호기심이 많은 것 같다. 줄기를 오르내리다가 멀리서 나의 눈과 마주치기라도 하면 호기심이 있는 듯 움직이는 것을 딱 멈추고 나를 쳐다보다가 내가 움직이면 그들도 따라서 움직인다.

  까치는 은행나무 20~30미터 꼭대기 끝부분에 보금자리를 만들어 놓고 몇 대째나 새끼를 부화시켰다. 까치들은 자기들이 점유(?)하고 있는 영역에 혹시라도 갈까마귀들이 물을 마시려고 정원 주변의 물동이라도 배회하면 단체로 큰소리로 까악까악거리며 날개치고 갈까마귀들의 머리 위를 날면서 위협하는데 갈까마귀들도 지지 않으려고 주둥이를 높이 쳐들고 까치를 노려보며 소리 지른다. 아파트 앞부분의 소나무 숲은 까치들의 숫자가, 뒷부분의 마로니에 숲에는 갈까마귀의 숫자가 더 많은 거 같다. 영역을 서로 인정하며 각자 자기 영역에서 터줏대감 노릇을 하려고 하는 거 같다. 영역 다툼하며 싸울 때 경비아저씨와 주민들에는 조금 시끄럽게 들리겠지만 지켜보는 것도 흥미롭고 심심치 않다.

성내천에서 영하 10도를 넘나드는 강추위의 얼음 밑 수초 속에 웅크리고 한겨울을 지내다가 따뜻한 봄철에 수면 밑에서 몸을 풀면서 꼬리치며 모래 틈새기에 알을 부화하는 잉어 모습을 자주 볼 수 있다. 잉어뿐만 아니라 붕어나 송사리도 마찬가지다. 알에서 부화된 눈곱만한 피라미 등이 성장하여 가는 과정을 눈여겨보는 재미도 꽤 쏠쏠하다. 수초 사이나 자갈 또는 징검다리 곁 물살을 가로지르며 떼 지어 간다. 그런데 이것을 눈여겨보며 기다리는 포식자는 따로 있다. 백로다. 백로는 아무리 피라미가 작더라도 신중하게 기다렸다가 번개같이 부리로 고기를 낚아챈다. 몇 해 전까지만 해도 백로가 피라미나 송사리 등을 기다리다가 사람들이 지나가면 도망갔으나 요즘은 사람들이 사진 찍고 지켜봐도 전혀 반응하지 않는다.

도심 속의 생태계 생존경쟁이 치열하지만 농촌에서 차분하고 여유롭게 전원생활하며 낭만을 즐기며 사는 사람들처럼 피라미나 송사리 등을 초조하게 기다리는 백로 무리 등과 달리 시골에서 여유롭게 낭만을 즐기며 때를 기다리는 무리도 있다. 거미다.

거미가 여유롭게 집을 지으며 때를 기다리는 모습을 형상화하여 영시를 발표하였는데 미국 문예지 『Catamaran Literary Reader Winter 2015』에 게재되었다.

### Cobweb

A spider, all alone, is building a cobweb in the corner of the hamlet./ His house waves in the breeze, shaded by a drift of clouds.// Though it is only sounds and sunshine that he hauls up,/ he mends the net strand by strand, as if according to musical notation.// Which line has to be installed first or last? How long?/ He is a skilled carpenter, humming to himself as he builds.// "What stays where the winds have passed?"/ "How long will I have to wait?"// Though it is only a shadow in the moonlight and on the morning dew, he is never giving up on his house.// He continues to inhabit the garden where the sparrows twitter and the children chatter.// The spider is conceiving a dream of a loving nest within the cosmos that hugs the sky, villages and byways.//

### 거미집

거미 한 마리가 시골 마을 한 구석에 혼자 거미집을 짓고 있다/ 거미집은 미풍에 흔들리고 흘러가는 구름에도 그림자 진다// 거미줄에 걸리는 것은 단지 잡소리와 햇빛뿐이지만/ 거미는 악보에 음표를 써가듯 한 가닥 한 가닥씩 집을 지어간다//

어느 줄을 먼저 설치하고 어느 줄을 나중에 설치할까?/ 얼마나 길게 할까?/ 콧노래를 부르며 집을 짓는 거미는 숙련된 목수다// "바람이 지나가고 난 다음에는 무엇이 남지?"/ "얼마나 오랫동안 기다려야 하지?"// 집은 비록 달빛 아래 희미하고/ 아침이슬에 맺힌 그림자에 불과할지라도/ 거미는 결코 자신의 집 짓는 일을 멈추지 않는다//
거미는 참새들이 지저귀고 어린 애들이 재잘대는 정원에 살고 있다//
거미는 푸른 하늘과 동네와 오솔길이 어우러진 세상에서/ 자신이 좋아하는 집을 지으며 오늘도 꿈을 꾸며 살고 있다//

(2023. 6. 15)

# 아르바이트

요즘 '아르바이트'의 줄임말인 '알바'가 많이 알려졌다. 티비나 인터넷 등에서 알바를 소개하는 사이트도 많고 학내나 길거리 등에서도 알바 구하는 전단지가 자주 눈에 띈다. 원래 아르바이트(Arbeit)는 독일어 노동이란 뜻으로 제2차 세계대전 직후 독일 대학생들이 경제적 빈곤에 시달려 휴학하는 학생들이 늘어나자 정부에서 학생들에게 부업을 직접 소개할 때부터 '아르바이트'가 유래되었다고 한다. 영미권에서는 '본래의 직업이 아닌 임시로 하는 일'로 생각하여 '파트-타임 잡(part-time job)'으로 부른다. 아르바이트는 그 종류가 생각보다 다양하고 시대에 따라서 변하고 있다.

60~80년대 무렵에는 가장 흔하면서도 쉽게 체험할 수 있는 알바가 가정교사였다. 요즘도 집안 형편이 어려운

고학력 학생들이 가정집에서 저학년에게 지식을 전수하며 학비를 마련하려고 알바를 하는 경우가 많다. 그러나 경제성장이 어느 정도 이뤄진 90년대부터는 노동력 부족과 서비스 산업의 발달 그리고 여가 시간의 증대 등으로 인해 반드시 경제적 어려움이 아니더라도 대학생들이 용돈을 벌기 위해 아르바이트를 하는 경우가 늘어나게 되었고 최근처럼 서비스 산업이 발달하면서 아르바이트하는 것으로도 생활이 유지가 되는 업종이 생겨나게 되었다. 이전의 가정교사 아르바이트의 형태와 많이 차이가 있다.

아르바이트 활동만으로도 자신이 필요한 만큼의 경제력을 충족하게 되어 아예 정규직에 취직하지 않고 프리랜서로 속 편하게 자신이 하고 싶은 일을 하려는 경향도 많다. 또한 요즘은 경력을 쌓을 수 있는 공공단체나 공기업 알바도 크게 인기를 끌고 있다. 예를 들면 서울시는 비대면으로 서울의 대학생과 지역 중학생을 배움으로 잇는 '랜선 나눔 캠퍼스'를 5월 개강하려고 이달 말까지 멘토·멘티를 모집 중이다. 서울시에 따르면 인터넷으로 가정교사격인 멘토(mentor) 1명이 실시간 비대면 방식으로 중학생 멘티(mentee) 2~3명을 가르치는 교육이라고 하며 단순히 국영수 등 교과목 지식 전달뿐만 아니라 진로상담도 제공한다고 한다.

일반 알바나 정규직 또는 프리랜서든 직업에는 귀천이 있을 수 없다. 어떤 젊은이들은 학창시절에 땀과 수고의 소중함을 스스로 깨우치려고 방학이나 대학입학 전의 자투리 시간을 이용하여 무전여행을 떠나거나 육체적으로 힘들고 어려운 3D직종의 알바를 자원하는 MZ세대들도 생각보다 많다고 한다. 얼마 전 수도권 지역 우체국에서 저녁시간대 알바생을 모집했는데 경쟁률이 아주 치열했다고 해서 놀랐다. 그것도 밤 12시부터 아침 8시까지 사이에 택배 등으로 부쳐진 우편물을 창고에서 정리하는 작업이라고 했다.

'젊어서 고생은 금 주고도 못산다.' 또는 '젊어서 고생은 사서도 한다.'라는 속담이 있다. 동서고금을 막론하고 어느 시대나 사회에서도 젊은 시절의 고생을 황금보다 귀하게 여기고 있다는 뜻일 것이다. 나도 젊은 시절 가정형편으로 여러 가지 고생스러운 일을 했던 경험이 먼 훗날인 지금까지 인생행로에서 더없이 귀한 밑거름이 되고 있다. 어떠한 직업이든 자기 일처럼 땀 흘리며 정성껏 최선을 다하고 있는 젊은이들을 대하면 칭찬과 격려를 하고 싶다. 비록 임시직이라도 자기 본연의 직업처럼 최선을 다하는 알바생들도 많이 봤다. 해외생활하면서 유럽 오스트리아 체류 중에 도나우 강변의 호텔 로비에서 만난 어느 젊은 아르바이트 피아니스트가 그랬다. 로비 한쪽에서 혼자 땀 흘리며 정열적으로 청운의 꿈을 향하여 혼신을 다하는 젊은 피아니스트의 모습이 한동안 잊지지 않았다. 그 광경을 형상화하여 훗날 「아르바이트 피아니스트」 시를 발표하고 나의 첫 시집 『초고층 아파트』에 싣기도 했다.

## 아르바이트 피아니스트

늦은 오후 도나우강변/ 한가롭다/ 학교 수업 끝내고 아르바이트 가는 길/ 벤치에 잠시 무거운 다리를 내려놓는다//

강변을 따라 줄지어 선 가로등/ 오선지 악보처럼/ 물속에도 나란히 서 있다/ 그 그림자 사이로 오리들이 자맥질한다//

가로등에 매달린 스피커에선 요한스트라우스의 '아름답고 푸른 도나우'가 흐른다/ 귀 기울여 듣는 사람 없어도/ 어제와 같은 곡은 되풀이된다/ 왈츠가 쌓여야 봄이 온다는 듯이//

호텔 로비의 아르바이트 피아니스트/ 오늘밤도 건반 위를 달린다/ 손님이 듣지 않아도/ 앙코르 하는 사람 없어도/ 계속해서 달려야 한다/ 희고 검은 피아노 건반에/ 새싹이라도 피울 것처럼//

## A Part Time Pianist

At the riverside of Donau in late afternoon,/ I get lazy awhile, resting my tired leg on a bench/ before going for my part time job after school.//

Streetlight stand in the water along riverside/ like music written on a music paper./ Ducks dive between their shadows.//

From the speaker hanging on the streetlight/ flows Johann Strauss's 'Beautiful Blue Donau',/ to which nobody listens; however, the same tune/ continues as if the Waltz could bring spring, if repeated.//

The part-time pianist in the hotel-lobby/ runs on the keyboard tonight, too./ He must keep running, though nobody listens,/ though nobody calls for an encore, as if he could/ make new buds sprout on his black-and-white keyboard.//

(2023. 3. 30)

## 생활 속의 반려식물

　가을이 무르익어 간다. 창밖의 마로니에와 은행나무 그리고 느티나무 숲이 노랗고 울긋불긋한 단풍으로 물들어 가고 있고 그 옆 감나무에는 빨갛게 익어가는 감들이 주렁주렁 매달려 있다. 거실 탁자 위에 놓인 화분에는 노란 국화꽃과 연분홍 난에서 은은한 향기를 풍기며 화무십일홍이란 말이 무색할 정도로 몇 주째 계속하여 꽃망울들이 피어나고 있다. 튤립이나 백합화처럼 화려하지는 않지만 부끄러운 듯 꽃망울을 살며시 터트리고 피어나는 꽃들과 눈을 맞추면 웃음이 저절로 나온다. 기쁨과 보람을 느끼며 생활의 활력소를 얻는다.
　코로나 팬데믹이나 기후 변화로 인한 미세먼지 등으로 실내에 머무는 시간이 많아져서 요즘은 자연환경에 대한 관심이 더 많은 것 같다. 나도 그렇다. 평범한 식물도 애착을 갖고 교감하면 '반려식물'로 인식된다고 한다. 농진청은 반려식물과 건강관리식물(헬스케어식물)의 명확한 개념은 아직 뚜렷하지 않다고 한다. 다만 반려동물을 뜻하는 펫(pet)과 식물을 뜻하는 플랜트(plant)가 합쳐져 반려식물로 만들어진 신조어인 것 같다.

며칠 전 양재꽃시장을 다녀왔다. 집에서 그다지 멀지 않은 곳에 위치하고 있으므로 수십여 년 전부터 계절마다 이따금씩 들렀으나 코로나 팬데믹 기간에는 한 번도 가지 못했다. 모처럼 다양한 꽃들과 멋들어진 화분들을 많이 감상했다. 입구의 화단에서부터 아주 잘 다듬어진 형형색색의 국화꽃들이 커다란 꽃물결을 이루었다. 꽃시장 내부에 들어서자마자 수많은 생화들이 활짝 웃으며 반갑게 맞이했다. 꽃다발을 파는 곳과 화분을 주로 파는 곳이 서로 분류가 되었으나 평일의 오후였지만 방문객들이 많았다.

화분이 주로 많이 진열되어 있는 하우스에서 공기정화식물 네 종류와 튤립과 수선화 구근 등을 아내와 함께 구매했다. 요즘은 인터넷을 통해서도 꽃이나 화분을 주문하면 곧바로 배달되고 우리 아파트 주위의 동네 화원 등에서도 여러 가지 종류의 화분과 생화가 진열되어 있다. 그러나 이토록 많은 생화나 화분 그리고 공기정화식물들을 직접 보고 고르는 재미가 쏠쏠했다. 뿐만 아니라 대부분의 판매 가격이 동네 화원의 절반 가격 이하로 저렴했다.

몇 해 전까지도 공기정화식물 겸 푸름을 늘 간직하고 있던 커다란 고무나무가 거실의 주요 부분을 차지하였으나 너무 오랫동안 관리하였고 진부하기도 하여 고무나무에게는 조금 미안했지만 새로운 식물들로 교체했다. 공기정화식물로는 아레카야자, 아이비, 스파티필름, 홍콩야자, 싱고니움, 베고니아, 산세베리아, 그리고 포인세티아 등을 키운다. 그리고 튤립, 백합화, 목련, 국화와 동양란 등도 가꾼다. 스파티필름과 꽃베고니아 등은 정화식물이면서도 아름다운 꽃까지 피우니 사랑을 더 받는다. 아레카야자는 대표적인 공기정화 관엽식물로 미우주항공국(NASA)에서 포름알데히드 제거 능력이 가장 우수한 식물로 선발할 만큼 공기정화에 탁월하다고 한다. 또한 음이온과 실내 습도를 높이는 능력을 갖고 있어 거실 두기에 좋다고 한다.

추식(秋植) 구근인 튤립과 수선화 등은 10월 말이나 11월 초순쯤 야간 온도가 5~10도 정도일 때 심는 것이 좋다고 한다. 지난해는 인터넷으로 구매하여 심었더니 올해 봄철 내내 핑크빛과 노랑 색깔로 긴 목을 꼿꼿이 세워 고고하고 도도한 아름다움을 뽐내며 우리를 즐겁게 했다. 주로 아내가 하고 내가 곁에서 돕지만 구근을 화분에 심은 후에는 겨울 동안 줄곧 정성스럽게 보호하면서 관리해야 한다. 양주동 작시, 이흥렬 작곡의 「어머니의 마음」에서 '진자리 마른자리 갈아 뉘시며 손발이 다 닳도록 고생하시네.' 노래 가사처럼 반려식물의 결실을 보기 위해 잡다한 일을 마다하지 않고 어머니의 마음처럼 어루만지며 보살펴야 한다.

아파트가 복층구조 건물이므로 천장이 높아서 햇볕과 통풍이 어느 정도 잘 된다고 하지만, 온도와 습도를 고려하여 거실에서 베란다로 그리고 복도로, 또한 햇볕이 있는 곳과 그늘진 곳을 가려가며 하루에도 몇 번씩을 옮기고 또 옮긴다. 한겨울 아주 추울 때는 신문지 등으로 덮어서 보호하고 감싸준다. 뿐만 아니라 심기 전에는 화분갈이도 가끔씩 해야 한다. 식물영양제나 복합비료를 주는 등 잔잔하고 귀찮은 일들이 반복되지만 꿈과 희망을 가지고 정성을 들인다.

열심히 가꾼 후에 드디어 황홀한 자태로 꽃망울을 터트리며 우리와 첫눈을 맞출 때의 희열이란 그 무엇과도 비교할 수가 없다. 식용허브 바질은 화분에서 키우면서 잎사귀를 따서 토마토 파스타 등의 음식 위에 소스처럼 향료로 넣기도 한다. 또한 공기정화식물들은 푸른 숲을 제공하며 미세먼지 등을 제거하는 공기정화기 역할까지 하고 있다. 반려식물과 함께하는 삶, 생각만 해도 마냥 즐겁고 보람을 느낀다.

(2022. 10. 27)

# 우둔한 생각

나이 듦을 다시 생각해본다. 사람들은 나이를 먹음에 따라 일반적으로 심경의 변화가 생기고 이러한 변화가 긍정적으로 오기도 하지만 때로는 부정적으로 온다고 한다. 나이 듦을 당연한 거로 생각하고 그 나이에 걸맞게 살아가려고 한다고 한다.

지난해 『월간문학』 11호에 실린 팔십대 중반 노인의 수필을 읽었다. 제목이 「팔학년 육반」이었다. '어찌어찌 살다 보니 내 나이는 팔학년 육반이 되었습니다.'로 시작한 글은 '평화시장에서 젊은 시절부터 30여 년간 열심히 고생하여 부를 이루기도 했고, 그 후 충남으로 귀농하여 22년간 시골에서 생활하다가 나이가 들어 2년 전에 서울에서 다시 살게 되었다'는 과거사와 '육체는 늙었으나 정신만은 아직 청춘이라 생각합니다.' '나는 지금 길고도 짧은 내 인생을 후회하진 않습니다.' 등의 현재의 심정을 담담하게 써 내려갔고 마지막에 '모두의 건강을 빕니다.'로 마무리했다. 어찌 보면 지극히 평범한 갑남을녀의 이야기를 수필로 써놓으니 그 작가의 삶이 바로 그려졌다.

또한 몇 년 전에는 인터넷에서 어느 어르신의 '95세 생일날 쓴 일기'를 관심 있게 읽었다. 필자는 특수전문직 분야의 최고 실력을 인정받아서 65세 정년까지 순풍에 돛 단 듯이 직장생활을 아주 잘 마쳤다. 정년 후에는 풍족한 연금을 받으며 안락한 노후 여생을 보내면서 자기는 평생 후회가 없는 삶을 살았기에 언제 죽어도 여한이 없다는 생각을 했다. 그러나 95세 생일날 자신을 되돌아보면서 문득 깨달음을 느껴서 일기를 썼다. '정년까지 30년의 생애는 자랑스럽고 떳떳했지만 그 이후 30년의 삶은 가장 무가치하고 후회가 막심한 삶, 덧없고 희망이 없는 삶이었다.'라고 기술했다. 그는 정년 후 다른 무엇을 시작하기에 너무 늦었다고 생각했던 것이 큰 잘못이었다고 했다. 그리고 그가 하고 싶었던 어학 공부를 다시 시작했다고 했다. 왜냐하면 '혹시 10년 후에라도 왜 95살 때 공부를 시작하지 않았는지 후회하지 않기 위해서'라고 끝을 맺었다.

며칠 전 이호건 박사는 KBS라디오 인문학 강의에서 공자는 자신의 일생을 돌아보며 "나는 열다섯에 학문에 뜻을 두었고(志學), 서른 살에 자립했으며(而立), 마흔 살에 세상일에 미혹되지 않았고(不惑), 쉰 살에 하늘의 뜻을 알았으며(知天命), 예순 살에 생각하는 것이 원만하여 어떤 것을 들으면 곧 이해가 됐으며(耳順), 일흔 살에 마음이 하고자 하는 바를 따랐지만 법도에 넘지 않았다(從心)"라고 하면서 '나이에 따라 인생의 성숙도가 달라지며 이러한 현상은 제철이 되어야 거두어들이는 자연의 결실과도 같다.'라고 술회했다고 한다. 반면에 독일의 철학자 니체는 인생의 단계를 그렇게 구분할 필요가 없다고 주장했다고 한다. 그는 고작 수십 년의 짧은 인생의 단계를 너무 꼼꼼하게 구분하면 특정한 활동은 해당 시기에만 할 수 있다고 믿고 그 시기가 지나면 그만두거나 그에 걸맞게 빨리 늙어 버린다고 했다고 한다.

공자의 회고처럼 상기 80대 중반의 노수필가는 자신을 '아직도 마음은 청춘이지만 인생을 마무리해야 하는 단계'에 있는 것으로 생각하였고 95세 어르신은 니체의 사상처럼 비록 늦은 나이에 깨달았지만, 인생의 단계를 구분하지 않고 미래에 대한 꿈을 향하여 정진해 가려는 거 같았다. 비록 그 어르신의 꿈이 이루어질 수 있을지는 알 수 없지만. 시시포스(Sisyphos)는 그리스 신화에 나오는 코린토스의 왕으로, 제우스를 속인 죄로 지옥에 떨어져 바위를 산 위로 밀어 올리는 벌을 받았다. 그가 밀어 올리는 바위는 산꼭대기에 이르면 다시 아래로 굴러떨어지기 때문에 그는 영원히 이 일을 되풀이하였다고 한다.

나도 상기 노수필가 고백처럼 지금껏 장삼이사(張三李四)로 평범하게 살았기에 길고도 짧은 내 인생을 후회하진 않지만 그래도 아쉽고 후회되는 것들이 많았던 거 같다. 내가 밀어 올리는 바위가 산꼭대기에 이르면 다시 아래로 굴러떨어지는 것을 수없이 경험했다. 어쩌면 지금도 밀어 올리는 일이 무의미하게 막무가내로 되풀이하고 있는지도 모르지만 95세 어르신처럼 다시 시작하는 마음으로 매일 일기를 쓰면서 나를 되돌아보고 또 보며 내일의 꿈을 향해 정진하고 있다. 비록 바윗덩이 추억처럼 비참했던 지난 일들의 후회가 파도처럼 밀려와도 그것들이 절망이 아닌 '다시 꿈과 희망을 갖게 하는 믿음의 씨앗이 된다.'라고 긍정적으로 믿었을 때, '나는 행복했다'라는 생각도 자꾸 들었다. 얼마 전 '인생 황혼의 가치를 알고 그것을 잘 누리는 법'으로 소개된 『그리스도 안에서 나이 듦에 관하여(Growing Old in Christ)』를 감명 깊게 읽었다. 미국 듀크대학 교수 스탠리 하우어워스 외 3인 공저로 인간이 '나이 듦에 대해 생각하는 이유'와 '시대에 따른 노년에 대한 시각들'를 기술하고 있는데 많은 것을 공감했다.

산 위로 밀어 올린 바위가 다시 굴러떨어질 것을 알고 그냥 미리 포기하는 삶보다는 언젠가는 밀어 올릴 수도 있다는 긍정적인 희망을 가지고 살아갈 때— 비록 그것이 우둔한 삶이라고 생각되더라도— 먼 훗날 '그때가 그래도 행복했습니다.'라는 생각으로 살아간다면 그리고 그것이 '행복한 삶이었다.'라고 믿는다면 '우둔한 생각일까?'를 되짚어 본다.

(2023. 3. 16)

# 쌀밥

추석 명절이 다가온다. '더도 말고 덜도 말고 늘 한가위만 같아라'라는 우리 속담이 있다. 이는 매일매일이 한가윗날만 같았으면 좋겠다는 말이다. 추석에는 오곡백과가 풍성하고, 이날은 많은 음식을 장만하여 잘 먹고, 즐거운 놀이를 하며 놀게 되므로 늘 이날만 같았으면 더 바랄 것이 없겠다는 것이다. 배불리 먹지 못하고, 일에 시달린 이 나라 민중의 소박한 소망을 대변하고 있는 것이라고 생각된다. '한가위'란 추석을 이르는 말로 '큰(한) 보름(가위)'이란 뜻이다. 추석 대보름 때면 여러 가지 어린 시절의 추억이 스쳐 가지만 하얀 쌀밥에 대한 향수만은 잊히지 않는다.

반세기쯤 전만 해도 추석 명절에 민초들은 고기 반찬에 쌀밥을 먹는 것이 최고의 소원이었다. 평소에는 꽁보리밥이나 시래기밥 또는 고구마 등으로 연명하다가 추석 명절만큼은 하얀 쌀밥에 쇠고깃국이나 생선 토막 등을 먹으며 잘 쇠려는 소망이 있었지만 서민에게는 언감생심이었다. 요즘이야 쌀이 흔하고 잡곡이 오히려 더 비싸기도 하지만, 반세기 전까지만 해도 서민에게는 쌀밥은 귀했고 대부분은 잡곡을 절반 정도 섞은 밥이었다. 그 이후 농민에게 통일벼가 보급되며 쌀 생산량이 늘어나고 일반 국민의 삶의 질이 개선되면서 요즘은 잡곡밥이 건강식으로 인식되어 보리밥 등이 더 귀한 대접을 받고 있으니 식생활 습관도 많이 바뀌었다.

서민도 추석 명절에는 쌀밥과 송편 등으로 조상께 차례를 지내기를 소원하며 가능하면 햅쌀로 밥을 짓고 모시송편을 빚으려고 했다. 쌀밥은 일반 서민에게는 늘 선망의 대상이었다. 또한 쌀밥 한 그릇은 내 생일 때마다 어머니에게 받았던 유일한 생일 선물이었다. 추석보다 열흘 정도 늦은 생일날 아침 식사 때 어머니는 하얀 쌀밥을 흰 밥그릇에 고봉으로 듬뿍 담아주셨다. 추석 명설 때의 쌀밥은 보리쌀 등 일부 잡곡밥이었지만 내 생일만큼은 잡곡이 거의 섞이지 않았다. 하얀 고봉 쌀밥을 아침 식사부터 저녁 식사까지 조금씩 아껴서 먹었던 추억이 쌀밥을 더 귀하게 여기게 된 거 같다.

쌀밥은 먹기가 잡곡밥보다 부드럽고 맛이 있어 대부분의 사람들도 쌀밥을 더 선호했다. 나는 벼농사를 지을 때, 처음 모내기부터 수확기인 탈곡 시기까지 부모님을 직접 도우며 노동을 했기에 쌀밥에 대하여 더 많은 애착과 아끼는 습관이 어릴 적부터 몸에 배었던 거 같다. 그래서 요즘도 식사를 마무리할 때 그릇에 밥풀 한 알이라도 남기지 않으려고 한다. 최근에 농촌도 벼농사 재배시에 농기계를 많이 사용한다. 지방마다 벼재배 시기는 다소 차이가 나지만 9월 중순부터 한 달 간쯤은 대부분 재배 벼를 거둬들인다. 요즘 농촌에서는 콤바인 등으로 수확하고 탈곡까지 하여 포대에 담고 자동차로 배달하지만 반세기 전만 해도 벼가 익으면 사람들이 낫으로 벼를 베어 논바닥에서 말리고 그 벼를 한 단씩 묶어서 지게에 짊어지고 집으로 가져와, 수동식 홀태나 발로 발판을 눌러 돌리는 원통 탈곡기 등으로 벼 낟알을 수확하여 가마니 등에 담았다.

  학창 시절에 벼농사를 돕는 것 중에서 제일 힘들었던 기억은 등짐이었다. 지게에 탈곡하지 않은 벼 10단 묶음을 짊어지고 들판 논에서 2킬로미터가 넘는 논둑길을 어른들과 함께 보폭을 맞추는 것은 너무나 힘들었다. 어른들은 보통 15단 묶음까지 등짐을 했다. 어른들도 노동 중에서 제일 힘든 노동이 등짐이라고 했다. 등뼈가 으스러지는 것 같았고 숨이 헐떡거리고 땀이 비 오듯 쏟아지니 온몸이 땀으로 흠뻑 젖기 마련이었다. 중간에 이따금 지게를 작대기에 고여놓고 잠시 쉬기도 했으나 저녁 무렵이면 다리에 쥐가 나고 후들거리기도 했다. 벼농사는 대부분 힘든 것들이 많았는데 몹시 무더운 한여름에 무논에서 김매기 했던 기억도 잊히지 않는다.

학창 시절 여름방학이나 농번기 방학 기간에는 어김없이 농사일을 도울 수밖에 없는 가정형편이었기에 바캉스나 여행 같은 것은 꿈같은 남의 이야기였다. 모내기 후 벼가 자라면 요즘은 드론이나 호스 등으로 농약을 살포하기도 하고 일부 유기농 재배의 경우 우렁이를 논바닥에 넣어서 잡초 등을 제거하지만 그전에는 사람들이 물이 고인 논배미에 들어가서 맨손으로 논바닥의 잡초를 쓸어내거나 벼와 외모가 비슷한 피 같은 잡초를 뽑아내야 했다. 그런데 벼가 자라서 허리까지 올라오면 벼 잎 끝부분이 칼날처럼 뾰족하여 얼굴과 목 부분 또는 팔다리에 상처를 냈고 온통 땀으로 범벅이 된 피부를 더 쓰리게 했다. 무논 잡초 제거는 허리를 반쯤 구부리고 걸어가면서 계속해야 하므로 허리가 끊어질 정도의 통증을 자주 느끼기도 했다.

그전에는 쌀밥은 부의 상징으로 선호되는 음식이었으나 요즘은 보리밥이나 고구마 등이 건강식으로 더 좋다고 인식되고 있는 형편이다. 그러나 여전히 우리 국민의 대부분은 흰쌀밥을 주식으로 하고 있다. 물론 도정 과정에서 벼의 껍질만 벗겨 낸 현미밥이나 오트밀(귀리) 등을 주식으로 하는 사람들도 늘어가고 있다. 다만 벼나 잡곡 등이 현대화된 농기구 등으로 재배 과정은 다소 간편화는 될 수는 있겠으나 농민들의 피땀 어린 정성으로 생산되는 과정과 국가 식량안보의 중요한 곡식이라는 사실은 변화가 없을 것 같다.

최근 들어 지구 온난화에 의한 자연재해가 계속되고 있어 이

전에는 관심을 덜 가졌던 물이나 대기의 질이 새삼스럽게 부각되는 것을 타산지석으로 삼아서 우리의 주식인 쌀을 비롯해 곡식 등에 대한 중요성도 새롭게 재고되어야 할 것으로 생각된다. 또한 쌀 한 톨이 생산되는 과정을 고려하면 밥풀 한 알도 그릇에 헛되이 남겨지는 것이 아깝게 생각될 수밖에 없는 것이다.

(2023. 9. 21)

# 보름달 추억

인간은 누구나 귀소본능(歸巢本能, Homing Instinct)을 지니고 있다고 한다. 동물이 자신의 서식 장소나 산란 또는 자라난 곳에서 멀리 떨어져 있는 경우, 다시 그곳으로 되돌아오는 성질로 귀소성, 회귀성이라고도 한다. 이는 학습되기도 하며 위치나 후각 기억으로 행하여진다. 연어나 송어 등도 그렇다. 이와 같이 인간도 자기가 태어나거나 자라난 유년 시절을 본능적으로 찾게 되고 그리워하게 된다. 특히 명절 때에 더 많이 느낀다고 한다. 지난번 코로나 기간에도 장거리 여행이 어렵고 힘든 환경이었지만 머나먼 시골 마을이나 외딴섬에 있는 고향을 찾아가는 사람들의 모습을 보고 감명을 받았다.

명절이 다가올 때마다 남북 이산가족 상봉이 궁금하다. 매년 추석 명절쯤엔 이산가족 상봉 일정 등이 논의되곤 했는데 최근에는 별다른 소식 없이 그냥 지나갔다. 코로나 기간에도 기대는 덜 했으나 그래도 혹시나 했는데 논의 자체가 없이 흘러갔다. 북녘에 계실 것으로 추정되는 큰형이 그곳에서 잘 계시고 있는지 늘 궁금하다. 그곳에 살아계신다면 노년에 얼마나 남녘 가족을 그리워하실지 가슴이 뭉클하다. 지난해 추석에도 보름달은 예나 다름없이 쟁반같이 크고 둥글게 떴다. 밝고 커다란 둥근달을 쳐다보며 큰형을 그리워했다. 어린 시절 초가지붕 위의 하얗고 탐스럽게 익어가는 박과 한가위 커다란 보름달 중에서 어느 것이 크냐고 물었을 때 큰형은 그냥 웃기만 했다. 큰형은 그렇게 물으면 지금도 웃기만 하시겠지.

 2000년 8월 1차 남북한 이산가족 상봉 무렵 우리 가족도 통일부에 이산가족 신청을 했다. 그 후 이산가족 상봉 행사 때마다 행여나 우리도 해당되는지 기대했다. 이산가족 신청자 중에서 노령자, 직계가족, 형제자매 등의 순으로 매번 추첨을 통해 해당자에게 연락하므로 매년 추석 무렵이면 전화 오기를 학수고대했으나 그때마다 무위로 지나갔다. 통일부 이산가족 홈페이지에는 이산가족들의 애타게 기다리는 마음과 헤어진 사연, 가족과 고향이야기, 하고 싶은 이야기 등 가슴 절절한 사연들이 우리의 마음을 숙연하게 한다. 생존해 계신 분들이 대부분 고령인 점을 감안하면 이산가족 만남을 주선하는 것은 시급한 과제라고 판단한 정부는 몇 해 전부터 영상편지 작성과 유전자 등록 등도 병행하고 있지만 진척은 별로 없다.

 2019년 8월 유전자를 등록했다. 고령 이산가족들을 위한 유전자 검사 및 보관사업의 일환으로 대한적십자사가 지정한 다우진 유전자 연구소에서 나의 유전자를 채취하여 등록했다. 정부는 이산가족의 고령화 및 사망률 증가에 따라 이산가족의 기록 보존과 사후 교류에 대비하여 지난 2014년부터 유전자 채취와 검사를 시작하고 그 정보를 데이터베이스화하고 있다. 6·25 당시 헤어졌던 이산가족을 생전이나 혹은 사후인 경우에도 찾을 수 있도록 한 것이다. 유전자 검사연구소에서 유전자 검사 전문 상담요원으로부터 설명을 듣고 유전자 검사시험의뢰서, 유전자 검사동의서 등의 서류를 작성한 다음 나의 혈액과 모발을 채취토록 했다. 이산가족의 '사후 교류' 등도 감안한 것이라지만 생각만 해도 하면 가슴이 벅차다.

1950년 6·25전쟁이 발발하던 해 큰형은 중학교 2학년생이었다. 가난한 소작농의 아들이었지만 성실하고 향학열이 불타는 모범학생으로 준수하게 잘생겨서 집안과 동네에서 촉망받은 젊은이였다. 1950년 여름 어느 날 밤늦게까지 집에 돌아오지 않아 부모님이 걱정하고 있던 중에 형이 군대에 입대하였다는 소식을 이웃을 통해서 듣고 화들짝 놀랐으나 연락할 방법이 없었다. 부모님은 형이 의용군에 소속되었다는 것을 먼 훗날 알게 되었다. 의용군이란 사전에서 '국가나 사회의 위급을 구하기 위하여 민간인으로 조직된 군대 또는 그런 군대의 군인'을 말한다. 그러나 그 당시 의용군에 입대한 젊은이들이 타의에 또는 자의에 의하였는지는 여러 가지 주장들이 있었으나 큰형이 어떤 경우인지는 끝내 확인을 할 수가 없었다.

큰형에 대한 마지막 소식은 1950년 늦가을이었다. 우리 마을

옆 동네에 사는 의용군 소속 병사 1명이 자기 집으로 돌아왔고 큰형의 소식도 전했다. 그 병사에 의하면 그와 큰형은 같은 의용군 부대였으나 소대는 각기 달랐다. 그해 9.28 서울 수복 무렵에 북한군이 압록강까지 후퇴함에 따라 의용군들도 계속하여 북으로 후퇴하고 있었다. 평안북도 정주에 이르렀을 때 그 병사의 소속 소대장은 더 이상 대오를 이끌고 후퇴할 수 없다고 판단하여 그냥 소대를 해산하고 각자가 흩어져서 후퇴하라고 했다. 그렇지만 큰형 소속 소대장은 '아니다, 대오가 흩어지면 모두 죽는다.'며 모든 소대원을 그냥 함께 이끌고 북으로 계속 후퇴하였다고 했다. 그 병사는 소대 해산 후 북으로 더 도망가거나 민가에 숨더라도 남에서 퇴각한 잔병이므로 생존이 어려울 것 같아서 그냥 혼자서 남으로 도망쳐서 왔다고 했다. 따라서 추측컨대 큰형 소대원들은 계속 후퇴하였을 경우 압록강을 도강하였거나 함경도 쪽(현재 자강도 쪽)으로 후퇴하였을 가능성이 많았을 것 같았다.

보름달이 뜰 때마다 특히 추석 명절에 둥근달을 볼 때마다 큰형이 못내 그리워지고 애잔한 생각이 들어 달을 우러러보며 독백을 되풀이하곤 했다. '큰형 보고 싶습니다. 언젠가는 우리도 이승에서 꼭 만나겠지요. 돌아가신 부모님의 큰형에 대한 간절한 소망과 사랑 그리고 그리움을 꼭 전하고 싶습니다. 부디 건강하시고 평안하시기 바랍니다.'라고.

(2023. 4. 13)

# 3

## 영원 속의 흔적

# 호텔 풍속

비교적 규모가 큰 서양식 고급 여관을 호텔이라고 한다. 표준국어사전에 기술된 내용이지만 집을 떠난 사람이 임시로 묵을 또는 그런 곳을 숙소라고 기술되어 있으므로 여행자들의 임시 거처라고도 생각할 수 있다. 여관이든 호텔이든 여행객들이 잠시 머물기 위해서 오가는 곳이므로 투숙하는 사람만큼이나 사연과 이야깃거리도 많은 것 같다. 1980~90년도 BBC TV 다큐멘터리 시리즈 「호텔」을 흥미진진하게 시청했는데 그 당시 세계적으로 수천만이 시청하는 기록을 세웠다고 했다. 호텔에 오가는 투숙객들과 종업원들 그리고 호텔생활 풍속이 참으로 다양하다는 것을 더 알게 되었다. 나도 40여 년 직장생활하는 동안 국내외 출장을 자주 다니면서 다양한 종류의 호텔과 풍속을 많이 체험했다.

호텔의 종류는 분류 방법에 따라 셀 수 없이 많겠지만 일반적으로 국내외에서 호텔 등급을 '별'표 숫자를 붙여 분류한다. 보통 최하 1성급에서 최상 5성급으로 분류한다. 국내 5성급 호텔은 신라와 하얏트 등 60여 개가 넘는다. 국내외적으로 6성급이나 7성급 등의 특급 호텔이 거명되기도 하지만 공식적인 것이 아니라고 한다. 2014년까지는 '별' 숫자 대신 '무궁화' 숫자로 표시하기도 했다. 호텔 등급 표시인 '별'의 숫자 표시 간판을 호텔 입구에 부착하는데 호텔 등급에 따라서 호텔에서 제공하는 서비스나 풍속이 여러 가지 면에서 대조되는 것 같다.

  해외 출장을 하면서 업무 특성상 주로 5성급에서 투숙을 많이 했으나 열대지방의 최전방 현장을 출장할 때는 가끔 1~2성급에서도 숙박을 해야 했다. 그런 곳에서는 한국 음식 같은 것은 먹을 수 없을 뿐만 아니라 잠자리도 불편했다. 또한, 아침에 눈을 뜨면 천장이나 벽에 도마뱀이 기어다녀서 처음에는 무척 놀라기도 했으나 현지인들은 전혀 개의치 않았다. 도마뱀은 사람을 해치지 않고 파리나 모기 등을 잡아먹는 이로운 동물이라고 했다. 저급호텔에서 투숙객들을 힘들게 하는 것은 통신수단이 매우 열악하여 외부와의 소통을 원활하게 할 수가 없었다.

  하기야 1980년 무렵 미국 등 선진국의 5성급 호텔에서도 지금처럼 소통이 자유롭지 못했다. 호텔 내 객실 이외의 별도 서비스센터에서 추가 비용을 내고 텔렉스(telex)라는 방식을 통하여 문자메시지를 수발신하였는데 발신하려면 먼저 영문으로 메시지를 작성하여 그것을 테이프 펀칭머신으로 한 획씩 구멍을 뚫어 문자화하고 테이프를 점검한 후 이상이 없으면 본사로 발송하였고 해외전화도 호텔 안내를 통해서 했다. 지금은 스마트폰 등을 통하여 카톡 같은 SNS 등으로 세계 대부분의 호텔 객실 내에서 전화와 문자 수발신이 가능할 뿐만 아니라 줌(zoom) 등으로 화상회의나 상담도 할 수 있으니 격세지감을 느낀다. 호텔 풍속도 많이 바뀌고 있는 것 같다. 최근에는 직장인들이 재택근무하면서 대부분의 문서수발과 화상회의를 집에서 하는 것처럼 호텔 객실에서도 재택근무와 동일하게 직장 업무가 가능하게 되었다.

 이처럼 호텔 객실 내에서 외부와의 소통에 불편이 없게 됨에 따라 호텔에서 휴가나 휴식을 가족과 함께 보내는 비즈니스맨이나 일반인들도 많은 것 같다. 휴가를 호텔에서 즐기는 것을 호캉스(Hocance)라고 부르기도 한다. 호텔(hotel)과 바캉스(vacance)의 합성어로 최근 국내나 일본 등 아시아권에서는 많이 사용하고 있으나 미국 등 서구에서는 아직 통용이 덜 되고 있는 것 같다.

 바캉스는 주로 피서나 휴양을 위한 휴가를 말하는데 진정한 휴가는 여행이 아니라 휴식이라고 생각하는 사람들이 늘어나면서 휴가를 호텔에서 보내며 업무도 함께 하려는 사람이 증가하고 있다고 한다. 또한 최근에는 코로나로 인한 외부 활동이 제한되는 불편도 있어 가족과 함께 편하고 오붓하게 호텔에서 지내면서 회사 업무도 병행하는 사람들도 많다고 한다. 이와 같이 호텔 풍속도 시대와 환경에 맞춰서 빠르게 변화하고 있으며 호텔 내부 생활상도 바뀌고 있는 것 같다.

　수년 전에도 호텔 풍속도가 바뀌고 있는 것을 많이 체험했다. 예를 들면 객실 출입 카드키가 객실은 물론 엘리베이터와 편의시설까지 연계되었고 객실 내 대형 TV도 벽지와 판판하게 부착하여 사용하지 않을 때는 TV 존재 자체를 못 느끼게 했다. 또한 정보화시대에 맞춰서 스마트폰과 TV를 통하여 웬만한 영상물은 모두 즐길 수 있도록 TV 채널도 엄청스럽게 다양화되었다. 지난 8월 초순에 집에서 가까운 서울 도심에 있는 호텔에서 아내와 함께 모처럼 호캉스를 보냈는데 이전의 호텔 풍속보다 훨씬 더 아늑하고 편리해진 것 같았다. 호텔 객실 내외의 서비스 개선은 물론 내부 구조도 현대화된 것을 체감했다. 호수와 대형유통몰이 주위에 위치한 최근 개장한 5성급 호텔이라고 하지만 아직도 코로나가 창궐하고 있는데 호텔에는 낯선 외국 투숙객들이 넘쳐나 국제화시대를 실감했다.

　호텔에 관련된 글감은 BBC TV 다큐멘터리 시리즈 「호텔」에 연관된 이야깃거리뿐만 아니라 아랍어로 써진 설화집 천일야화(千一夜話 Arabian Night)보다 훨씬 더 많을 것 같다. 비록 갑남을녀로 평범하게 살아가는 사람들도 일생 동안 임시로 잠시 머무는 여관이나 호텔 등의 숙소를 이용한 경험이 많을 것이다. 나도 지금까지 살면서 체험한 숙소가 수백 개가 넘을 것으로 추측된다. 어찌 생각하면 우리가 잠시 머물다가 떠나가게 될 임시 숙소인 이 세상도 주위 환경에 맞춰서 변화가 지속되고 있는 것을 자주 느낀다. 요즘 편의점에서 세탁물이나 우편물을 취급하고 활어 생선도 판매하는 것처럼 세상살이 풍속의 변화에 따라서 호텔의 풍속도 진화를 거듭하고 있으니 어디까지 구경하게 될지 자못 궁금하다.

(2022. 9. 1)

# 파도

파도야 어쩌란 말이냐/ 파도야 어쩌란 말이냐/ 임은 물같이 까딱 않는데/ 파도야 어쩌란 말이냐/ 날 어쩌란 말이냐//

　　유치환의 시 「그리움」 전문이다. 5행시에서 3행이 똑같은 표현 '파도야 어쩌란 말이냐'가 인용되고 있다. 파도는 바다에 이는 물결을 말하지만 강렬한 심리적 충동이나 움직임을 비유적으로 이르는 말로서 기쁨의 파도 또는 혁명의 파도나 고난의 파도가 밀려왔다는 등으로 표현되기도 한다. 위의 시에서 파도는 독자의 해석 여하에 따라서 의미가 각기 다를 수도 있을 것이다. 그리움이란 잔잔한 파도처럼 소리 없이 간간이 또는 계속하여 밀려오기도 하지만 떠나간 옛사랑이 갑자기 가슴에 사무치게 격정적으로 치밀어 몹시 몸부림치는 것 같이 순식간에 불현듯 다가오기도 한다.

젊은 시절 해외근무지에서 파도타기(서핑, surfing)를 잠시 배운 적이 있다. 서핑은 파도를 이용하여 타원형이나 널빤지 같은 서핑보드를 타고 파도 속을 교묘히 빠져나가며 즐기는 스릴만점 운동이다. 서핑보드에 서서 거친 파도를 요리조리 이용하며 스쳐가는 모습은 보기만 해도 스릴이 느껴진다. 그러나 서핑보트 위에 서서 서핑하는 것은 생각보다 훨씬 어려웠다. 처음에는 잔잔한 파도에서 서핑보드에 올라서는 것도 녹록하지 않았고 파도가 일어날 땐 복부를 서핑보드 바닥에 바짝 붙이고 양손으로 물살을 헤쳐 나가야 했다. 파도가 더 거칠어지면 그것마저 포기해야 했다. 파도타기를 즐기다가 이따금씩 곧장 물속으로 고꾸라져 물을 흠뻑 마시기도 하면서 배웠으나 지금은 잊힌 것 같다.

서핑을 즐기기 좋은 세계적인 명소는 미국 캘리포니아 태평양 연안 등 셀 수 없이 많고 국내의 경우도 강원도 양양 죽도해변 등 천혜의 조건을 갖춘 곳이 아주 많다. 파도타기는 보통 바다에서 많이 즐기지만 요즘은 야외 인공 서핑장에서도 즐길 수 있다. 예를 들면 경기도 시흥시의 인공서핑장인 '시흥 웨이브파크'를 근년에 개장하였다. 따라서 기상 조건에 의하여 수시로 변하는 바닷가에 굳이 가지 않더라도 서퍼(surfer)들은 가까운 곳에서도 파도타기를 즐길 수 있다. 물론 드넓은 바다에서 넘실대는 푸른 물결을 헤치며 서핑하는 것보다는 스릴이 덜 하겠지만 여행 등의 제약이 있거나 가까운 곳을 선호하는 서핑 동호인들에게는 서핑 기회가 더 많아진 것 같다.

　파도타기를 잘하려면 파도의 흐름에 맞춰서 내 몸을 내맡겨야 한다. 그렇게 하지 않고 파도를 이기려고 하면 파도타기 하는 사람은 계속하여 밀려오는 파도에 결국에는 고꾸라져 그냥 물에 묻히거나 멀미하기도 한다. 서퍼들은 밀려오는 파도 흐름을 내 몸의 조건에 순간적으로 어떻게 맞춰야 하는지를 잘 알아야 한다.

　프랑스어로 철학적인 용어인 '아장스망(agencement)'이라는 말이 있다. 이는 '배치, 배열, 구성'이라는 뜻으로 이미 존재하는 객체를 새롭게 재배치하거나 재구성하여 다른 존재로 변화시킨다는 의미다. 예를 들어 몇 주 전 KBS1 주말 라디오 방송 '생활 속의 인문학' 담당자 이호건 박사는 아장스망을 설명하면서 철학책 등의 양서를 많이 읽는 사람들은 스스로 지식을 넓히고 내면의 힘을 키워서 자신의 삶을 재배치하여 새로운 사람으로 거듭나게 할 수 있다고 했다.

　성경에 나온 요셉은 아버지의 사랑을 받는다는 이유로 형들에게 미움을 받아 미디안 사람들에게 팔려 애굽으로 끌려가게 되었고 감옥에 갇히었으나 우여곡절 끝에 그는 그곳에서 파라오왕의 꿈 해몽을 잘하고 신임을 받게 되어 총리까지 된다. 결혼과 함께 미국으로 가게 되면서 연기를 중단했던 윤여정은 이혼과 가난이라는 예기치 못한 사건을 만나고 두 아들을 키우기 위해 생계형 배우가 되었고 치열하게 연기자로 거듭난 결과 한국인 최초 아카데미 여우조연상을 수상했다. 뿐만 아니라 한국 배우들이 한국말로 연기한 「오징어게임」이 영어권 미국 에미상에서 6개 부문을 수상할 수 있었던 것도 수많은 드라마 시청자들의 취향에 맞춰서 기획하고 연기하고 촬영하는 등 시대의 흐름에 잘 적응한 결과물이라고 생각된다. 이처럼 파도의 흐름에 맞춰서 잘 관리하는 삶은 어쩌면 세상살이를 순리대로 사는 것일 것이다.

사람이 살아가는 한평생을 나그넷길에 비유하여 이르는 말을 인생행로(人生行路)라고 한다. 파란만장한 인생행로를 경험한 정치인이 있는가 하면 잔잔한 파도만을 향유하다 떠나간 유명인들도 있다. 나는 해외생활하면서 세상은 망망대해 태평양처럼 지극히 넓고 할 일들은 끝없이 밀려오는 파도와 같이 셀 수 없이 무한하다는 것을 자주 느꼈다. 잔잔하게 밀려오는 파도도 있지만 순간적으로 산더미 같은 세찬 폭풍우가 계속해서 휘몰아치기도 했다. 그때마다 맹자의 '순천자존 역천자망(順天者存 逆天者亡 - 하늘을 순종하는 사람은 보존되고 하늘을 거스르는 사람은 망한다)'을 되뇌며 파도타기를 생각했다. 파도의 흐름에 맞춰서 내 몸을 내맡겨 관리하고 역지사지하며 하늘에 순종하는 심정으로 파도를 헤쳐 나갔다. '삶의 파도타기를 연습시킬 수는 없을까?'를 생각하기도 했다.

어쩌면 인생행로에서 거친 파도를 순리대로 헤쳐 나가려면 누구에게나 사물을 꿰뚫어 보는 안목과 식견이 있어야 하듯 지피지기(知彼知己 상대의 사정과 나의 사정을 자세히 앎)의 지혜도 필요함을 자주 느꼈다. 그리고 영시 「Surfing(파도타기)」을 써서 영시집 『Korea My Homeland(코리아 나의 조국)』에 싣기도 했다.

## Surfing

I am surfing today, in the middle of the boundless Pacific./ Surfing on the rough waves./ Though I am exposed to rain and wind everyday I continue surfing.// (하략)

## 서핑

나는 오늘 끝없이 넓은 태평양 한가운데서 서핑을 하고 있다/ 거친 파도를 타고 넘는 서핑/ 비와 바람 속에서도 나는 서핑을 계속한다// (하략)

(2022. 9. 15)

# 호칭하기

호칭도 시대에 따라 변한다. '반려'는 사전에서 '짝이 되는 동무'로 기술되어 있지만 일반적으로 '인생의 반려자'처럼 이성 간의 짝이 되는 상대를 부를 때 주로 많이 사용한다. 그런데 요즘은 반려견이나 반려묘와 같이 애완동물에 붙여서 더 많이 사용하고 있고 가까이 보살피고 있는 주변의 식물 등도 반려식물이라고 부르기도 한다.

부부 사이에서 서로 상대편을 부르는 말도 시대에 따라 많이 바뀌고 있다. '당신'은 부부 사이에서 상대를 높여 이르는 이인칭 대명사인데 요즘 젊은이들은 '당신'보다는 '자기'나 '여보'로 부르기도 하고 심지어 '오빠야' '자기야'라고 부르고 있다. '여보'는 오랫동안 많이 사용되고 있지만 대화 상대와 어감에 따라서 의미가 많이 다르다. '여보게'는 '이보게'와 같이 가까이 있는 사람을 부를 때 쓰는 말이고 '여봐라'는 '여보아라'의 준말로 '여봐라, 게 아무도 없느냐?'와 같이 상대에게 해라할 자리에 쓰인다.

얼마 전 지인 여류 문우는 명동에서 어느 할머니에게 길을 물었는데 그 할머니는 단칼로 모른다고 휙 뒤돌아서며, 혼잣말로 '자기도 할머니면서'라고 중얼거렸기에 매우 당황했다고 한다. 그 후부터 그 문우는 웬만하면 할머니를 호칭할 때는 '아주머님'이나 '여사님' 또는 '사모님'이라고 부르고 아주머니같이 보인 여자에게도 '아가씨' 또는 '학생'이라고 부른다고 한다. 얼마 전 전철 안에서 큰 소리로 통화하는 여인을 보고 주위에서 '아주머니'라고 호칭했다가 칼부림 당했다는 뉴스를 듣고 삭막함을 느꼈다. 아무튼 호칭은 상대방이 듣기 편하게 부르는 것이 좋을 것 같은데 어떻게 호칭해야 좋은지 헷갈리는 경우가 종종 있다.

새로운 책을 출판하고 그것을 지인에게 선물할 때 대개 상대방의 이름을 앞부분 페이지의 위쪽에 쓰고 나의 사인과 날짜를 쓰기 마련인데 이때도 상대의 호칭을 어떻게 써야 할지 망설여지기도 한다. 보통 '~님에게'처럼 '에게'나 '~님께'로 써서 선물하지만 '선생님' '교수님' '시인님' '작가님' '여사님' '사모님' '사장님' '박사님' '의원님' '대표이사님' '회장님' 등 직장이나 가족관계에서 사용하는 호칭을 제외하더라도 다양하고 아주 많다. 그러나 '아무개 씨에게' 또는 '아무개 씨께'는 일반적으로 쓰지 않았다. '~씨'의 뜻은 상대를 높이거나 대접하는 말이지만 공적이거나 사무적인 공개된 것이 아니면 윗분에게 사용하기 곤란하고 대체로 동료나 아래 상대에게 사용한다고 한다. 윗분이 아닌 나보다 나이가 어린 상대에게는 '아무개 씨에게'라고 해도 문법상으로 괜찮겠지만 요즘의 사회관습을 생각하여 호칭에는 조금 안 어울리는 것 같기도 해서 한 번도 사용하지 않았다.

내가 책을 선물할 때 '~씨'로 한 번도 쓰지 않았던 이유는 호칭은 사람의 자존심과 관련한 민감한 문제로서 어쩌면 내가 상대의 격을 설정하는 것이 되며 상대로서는 짧은 순간에 자기 위상이 정해지기 때문이다. 그리고 누구나 적절하고 존중받는 호칭으로 불러주기를 바라는 것은 인지상정이다. 나는 가능하면 상대방이 좋아할 만한 호칭을 사용하려고 한다. '선생님'은 보통 나이가 어지간히 든 사람을 대접하여 이르는 말이지만 요즘은 처음 보는 사람에게도 그냥 쉽게 '선생님'이라고 부르면 편하게 받아들이는 것 같고 나도 전혀 부담이 없다. 원래 '학생을 가르치는 사람을 높여서 부르는 말'이지만 학생들을 가르치는 직업과 전혀 관련이 없는 사람들도 '선생님'이라고 부르면 더 좋은 반응을 보인 것 같다.

'선생님'뿐만 아니라 '사장님' '여사님' '대표님' 등으로 상대방의 직업과 상관없이 상대방이 듣기 편하게 하거나 좋은 쪽으로 부르다 보니 요즘은 사회적으로 호칭 인플레이션도 많아졌다. 나에게도 여러 가지 호칭으로 부르고 있다. 시인님이나 작가님으로부터 선생님, 사장님, 대표님, 회장님, 위원님, 교수님, 박사님, 할아버지, 어르신 등 수없이 많다. 어떤 호칭은 나의 직업과 전혀 무관하고 처음 들었을 때는 낯설고 어설퍼서 상대에게 부르고 있는 호칭이 틀렸다고 수정을 여러 번 요청하기도 했으나 고쳐지지 않았다. 지금은 또 그렇게 부르면 귀찮기도 하여 그저 그러려니 하며 그냥저냥 지낼 수밖에 없게 된 사회풍습이 아쉽기도 하다.

물건을 구매할 때 '손님께서'보다는 '아버님' 또는 '어르신'이라고 부르며 살갑게 불러주면 크게 부담을 느끼지 않았지만 아버님, 어머님의 호칭이 때와 상황에 따라 어떤 경우는 상대방의 기분을 상하게 할 수도 있을 것 같았다. 요즘은 40~50대의 노총각 노처녀가 수두룩하게 많은 세상인데 며칠 전 서울 강남 어느 병원 접수창구에서 앳되어 보이는 여자 간호사가 중년의 남자와 여자 환자분들에게 마구잡이로 '아버님, 어머님, 어디가 불편하셔서 오셨어요?'라고 부르는 광경을 보고 깜짝 놀랐다. 호칭할 때는 상대의 마음을 조금은 헤아려 부르는 것도 좋을 것 같다는 생각이 들었다. 또한 애완견을 '내 새끼'라고 거리낌 없이 부르거나 점원이 물건을 소개할 때 '이 애보다는 저 애가 성능이 더 좋다'라고 하는 등 도대체 '말 같지 않은 말' 같지만 그런 낯설고 어색한 호칭들도 사회관습으로 자리매김하고 있는 것 같아서 조금은 씁쓰름하기도 했다.

원만한 사회생활을 위해서 상대편에 맞춰서 시의적절한 호칭을 사용하는 것은 생각할수록 헷갈리고 복잡하다. 다만, 호칭에는 특별한 공식이 있는 것도 아니며 우리가 서로 지켜야 할 기본적인 예의이고 사회문화의 일환이므로 호칭할 때는 상대와 모두를 편안하게 하면서도 존중하는 마음으로 부르면 좋을 것 같다.

(2023. 3. 23)

# AI에 묻다

요즘 국내외적으로 인공지능에 대한 관심이 뜨겁다. 인공지능(AI) 챗봇*인 챗GPT**가 문학의 어느 영역까지 미칠 수 있는지 궁금했다. 챗GPT에게 질문했다. '수필창작을 공부하는 수강생들에게 창의적인 아이디어를 조언할 수 있을까요?' 25초 만에 10개의 단락, 329개의 단어로 곧바로 조언했다.

'첫째, 마인드맵은 수필 작성을 시작하기 전에 아이디어와 생각을 정리할 수 있는 좋은 방법입니다. 아이디어를 시각적으로 표현하고 아이디어를 연결하는 데 도움이 될 수 있습니다. 둘째, 개요 작성은 수필을 구성하는데 유용한 도구입니다. 이를 통해 아이디어를 구조화하고 필요한 모든 사항을 다뤘는지 확인할 수 있습니다. ~' 등으로 조언하고 마지막 열 번째는 '연습, 연습, 연습- 수필 작성을 더 많이 연습할수록 더 나아질 것입니다. 시간을 내어 정기적으로 글을 쓰고 다양한 글쓰기 기술을 실험하여 자신에게 가장 적합한 것을 찾으십시오.'로 마쳤다. 영어와 한글로 각기 질문하면 답변 내용은 약간씩 차이가 났다.

  시창작 수강생들에도 같은 질문에 비슷한 원론적인 조언을 했다. 예를 들면 다양한 시적 형식을 시도하거나 기존의 유명한 시를 자신의 스타일로 다시 쓰도록 반복연습하고 유명 시인이 의미를 창조하기 위해 언어를 사용했던 방식을 더 잘 이해하도록 하라는 등이었다. 모두가 일반적인 학습 내용이다. 그래서 이번에는 김소월의 「금잔디」를 생각하며 금잔디에 대하여 시를 창작하라고 했다. 19초 만에 5연의 시를 창작했다. 첫 번째 연의 첫 줄에 '너무 부드럽고 밝은 황금빛 잔디,(Golden grass, so soft and bright,)'로 시작해서 마지막 연의 끝줄은 '마음을 진정시키는 평화로운 고요함.(A peaceful calm that soothes the mind.)'으로 맺는다. 그저 금잔디를 보고 느낀 두루뭉술하게 창작한 객관적인 내용으로 시인의 내적인 생각이나 감정이 전혀 없다.

   잔디/ 잔디/ 금잔디/ 심심산천에 붙는 불은/ 가신 임 무덤가에 금잔디./ 봄이 왔네, 봄빛이 왔네/ 버드나무 끝에도 실가지에./ 봄빛이 왔네, 봄날이 왔네/ 심심산천에도 금잔디에.

  두산백과에서 금잔디를 "봄을 맞는 감격을 표현한 서정시로서 읽는 이의 마음을 포근히 어루만져 주는 애틋한 시이다. '잔디/ 잔디/ 금잔디를 한 줄로 쓰지 않고 석 줄로 쓴 것은 리듬의 효과와 잔디밭을 연상시키기 위한 배려로서, 이것은 소월이 형식미를 추구하는데도 남다른 노력을 기울였음을 말해준다."라고 소개했다.

 김소월의 서정시처럼 인간의 내적 시적 감각을 표현하는 시를 창작하라고 질문하려면 금잔디를 쓰게 될 시인의 내면적인 배경과 주위 환경 등을 하나하나씩 자세하게 입력을 해야 할 것이고 그것을 계속하다 보면 학습효과를 거쳐 언젠가는 질문과 답변의 내용이 거의 비슷하게 맞춰질 것도 같았다. 그러나 연과 줄을 어떻게 구성하고 표현도 '잔디/ 잔디/ 금잔디(grass/ grass/ golden grass.)'로 그리고 '심심산천에 붙는 불(The fire that burns in the deep, deep mountains and streams)'로 하는 등 작가의 마인드맵은 AI가 선제적으로 창작할 수 없는 것 같았다. 즉 AI에게 뭔가를 선제적으로 데이터를 입력하여 주고 뭘 하라고 하면 사람보다 잘할 수 있었지만 어떻게 구성하고 뭘 먼저 해야 하는지는 아직은 못하는 거 같다.

 지난주 2월 21일 스노우폭스북스사가 출판한 챗GPT가 직접 쓴 『삶의 목적을 찾는 45가지 방법』을 읽었다. 챗GPT가 인쇄를 제외하고 총 38시간 만에 300페이지를 집필, 번역, 교정, 교열 등의 고유 편집 작업을 완성했다고 해서 놀랐다. 목차는 영문으로 했으며 질문 내용은 본문에 수록돼 있었다. 한글 원고와 번역

본문을 비교해서 원문과 영문을 수록했고 번역은 네이버 파파고로 했다. '인간관계에 있어서 어떻게 행동할 것인가?'에 대하여 '인연' '만족' '하루' '인생' '목적의식' 등을 키워드로 삶의 지평을 넓히는 45가지 방법을 소개했다. 비록 챗GPT가 썼다고 하지만 내가 알고 있는 삶의 목적에 대한 긍정적인 내용들도 많았다. 삶의 목적을 찾는 방법이므로 인문학적인 일반 내용이 그동안에 계속하여 쌓인 수많은 데이터를 AI가 학습하여 흉내를 내는 것 같았지만 문장과 내용이 상당히 그럴듯해 보였다.

이번 주에 출판된 뇌과학자 김대식 카이스트 교수가 질문하고 챗GPT가 대답한 『챗GPT에게 묻는 인류의 미래』의 책에서 김 교수는 '챗GPT가 인간의 언어를 이해하는 건 아니고 3,000억 개가 넘는 문장 토큰과 그들 간의 확률적 상호관계를 학습한 챗GPT가 질문에 포함된 단어들과 확률적으로 가장 잘 어울리는 문장을 생성해낼 뿐'이라고 했다. 그는 AI 기반의 자동화가 폭넓게 적용되면 한때 인간의 전유물이었던 업무를 AI가 대신하게 되고, 문학·예술·대중매체 분야에서도 AI와 인간이 협업을 통해 새롭고 독특한 무언가를 창조하는 새로운 종류의 글쓰기가 등장할 수도 있다고 했다.

언젠가는 AI가 인간처럼 어느 일정 영역까지 접근할 수도 있을 것 같지만 현재는 아닌 거 같았다. 일의 중간 단계에서는 AI가 쌓인 데이터를 활용하여 막강하게 보이지만 일의 시작과 끝은 인간의 몫 즉, 창의적인 사고를 AI가 스스로 갖기까지는 더 기다려야 될 것으로 생각되었다. 그리고 AI가 아무리 진화를 거듭하여 발전한다고 해도 아직은 AI를 인간이 진화시켜 나간다는 사실이다. 특히 문학적인 영역에서 생각하면 AI가 인간이 묻지도 않아도, 데이터를 입력하지 않아도 스스로 문학창작을 하는 것은 현재는 불가능할 거로 여겨졌고 아직은 인간이 AI 능력을 너무 과대평가하여 겁먹을 단계는 아닌 거 같았다. AI는 인간을 대체할 수 없을 거 같고 다만 인간의 편리한 새로운 '도구'라고 생각되어 졌다, 아직은….

*챗봇(chatterbot-chatter robot): 기업용 메신저에 채팅하듯 질문을 입력하면 인공지능(AI-Artificial Intelligence)이 빅데이터 분석을 바탕으로 일상 언어로 사람과 대화를 하며 해답을 주는 대화형 메신저.
**챗GPT(Chat Generative Pre-trained Transformer-채팅 생성 사전 훈련된 변환기): 미국 OPEN AI사가 발표한 인공지능 챗봇.(월간 사용자 수가 2개월 만에 1억 명을 돌파했다.)

(2023. 3. 2)

# 건강과 치아

 6월 9일은 구강보건의 날이다. 속담에 인간의 치아 건강이 오복에 든다고 하지만 사실과 다르다. 유교에서 오복(福)은 수(壽) 부(富) 강녕(康寧) 유호덕(攸好德) 고종명(考終命)을 말하는 데 치아가 좋아야 건강할 수 있고 건강해야 오복을 누리며 행복하게 살 수 있다는 생각에서 전해진 것으로 생각된다. 예를 들면, 유호덕(도덕 지키기를 낙으로 삼는 일)이나 고종명(제명대로 살다가 편안히 죽음)도 일생 동안 건강해야 한다.

 구강보건의 날은 1946년부터 '이의 날'로 제정되어 지켜오다가 1973년 보건의 날에 합쳐졌다. '이의 날'도 귀의 날(9월 9일), 눈의 날(11월 1일), 약의 날(10월 10일)처럼 그동안 해당 부서에서 시행하다가 1973년부터 매년 4월 7일에 보건복지부가 주관하는 '보건의 날'로 통합하여 국가기념일로 되었지만 아직도 일반 매체에서는 이전처럼 부르고 있다.

'이가 자식보다 낫다'는 말도 있다. 그만큼 치아 건강이 중요하다는 의미다. 평생 두 번밖에 나지 않는 치아는 한 번 손상되면 회복이 어렵다. 전신 건강을 넘어 삶의 질에도 많은 영향을 미친다. 맛있는 음식을 제대로 씹고 뜯고 맛보고 즐기는 삶에서 치아는 아주 중요하다. 보통 생후 6개월부터 치아가 난다. 유치는 위아래 10개씩 총 20개다. 유치를 결국 빠질 것이라고 생각해 관리에 소홀히 할 수도 있는데 영구치가 나올 자리를 유지하는 역할도 하는 만큼 6~7세 무렵 영구치가 상하좌우에서 나올 때까지 유치 관리도 잘해야 한다고 한다.

이처럼 치아 관리를 영유아 시절부터 잘해야 하지만 나의 경우는 그렇지 못했다. 내가 이를 처음 닦았던 기억은 초등학교 시절 4학년쯤이다. 선생님이 이를 검사한다고 아침에 이를 닦고 오라고 했다. 오른손 둘째와 셋째 손가락에 소금을 묻혀서 닦았는데 왕소금이었기에 알이 굵고 거칠어서 잇몸에서 피가 났다. 칫솔은 중등학교 무렵부터 사용했다. 칫솔에 소금이나 가루 치약을 묻혀서 닦았는데 가루 치약은 돌가루처럼 입안이 텁텁했다. 요즘 치약은 크림, 분말, 액상 등으로 사용하기도 편리하고 소독 작용, 치석 용해작용, 냄새 감퇴 작용이나 충치 등의 예방치료에 도움이 되도록 만들어져 시판되고 있으니 격세지감이 든다.

요즘 지방의 웬만한 도시에도 치과 병원이 없다고 하지만 나의 유년 시절에도 그랬다. 전기도 들어오지 않는 농촌에서 살았기에 영구치가 나오기 전에 유치가 빠지려고 흔들거리면 치과 대신 손가락으로 잡아서 빼거나 실로 묶어 당겨서 빼냈다. 그때마다 피가 흐르고 몹시 아팠지만 참고 기다리면 지혈이 되곤 했다. 영구치가 나온 후에도 치아의 중요성에 대해 별로 관심이 없었으나 직장생활을 시작하면서부터 치아 건강보다는 대인관계를 고려하여 양치질에 신경을 더 많이 썼다. 특히 서양인들은 김치 같은 한국적인 음식 냄새에 민감하므로 식후나 회의 참석에 앞서서 수시로 양치질했다.

　최근에는 탄산음료뿐만 아니라 치아에 도움이 되지 않은 음식을 많이 섭취하는 경향이 있어 나이와 상관없이 원래의 치아를 그대로 보존하는 사람들이 많지 않다고 한다. 보통은 한두 개 이상의 충치나 의치를 가지고 있다고 한다. 65세 이상은 치아를 임플란트하는데 평생에 걸쳐 2개까지 보험 혜택을 받을 수 있고 기술도 많이 발달하여 가격도 저렴해졌다. 몇 해 전까지만 해도 한 개 하는데 수백만 원을 훌쩍 넘어서 웬만한 사람은 고급 승용차 한 대를 입안에 넣고 다닌다는 우스갯소리가 있었다. 임플란트 대신 틀니를 하는 사람들도 있다. 틀니는 평소에 끼었다 뺐다 할 수 있어 편리한 점도 있지만 임플란트처럼 단단한 음식은 씹기가 곤란하다고 한다. 그뿐만 아니라 틀니를 끼었을 때는 평시 얼굴이지만 빼면 홀쭉이 얼굴로 변신하기 때문에 다른 사람이 보고 알아보지 못하여 낭패당하는 경우도 많다고 한다.

일반적으로 건강한 치아를 유지하려면 하루 3번 식후 3분 이내, 3분 이상 칫솔질해야 한다는 '333 법칙'이 양치질의 기본이라고 한다. 19세 이상 성인이면 누구나 연 1회 보험 혜택으로 스케일링을 기본적으로 할 수도 있다. 나는 직장생활을 시작하면서부터 치아 관리보다는 대인관계를 고려하여 양치질을 자주 했던 습관을 정년퇴직 이후인 지금까지도 계속하고 있다. 양치 기본 원칙을 지킬 뿐만 아니라 치실과 치간 칫솔질도 게을리하지 않는다. 그래서인지 어금니의 마모가 잘되는 부분은 도금한 곳도 있지만 원래의 치아를 그대로 보전하고 있으니 어쩌면 나도 오복에 가까운 조건 하나는 충족하고 있는 것 같다.

오복의 기본은 건강이고 건강의 기본은 치아에서부터 시작된다고 하면 너무 비약된 발상이라고 말할 수도 있겠지만 양치가 건강과 행복에서 아주 중요한 부분이라는 사실은 예나 지금이나 변함이 없는 것 같다.

(2023. 6. 8)

# 고구마 추억

　요즘 고구마를 자주 먹는다. 건강식이라고 집에서도 후식이나 간식으로도 즐긴다. 며칠 전 올림픽공원 내 소마미술관과 한성백제박물관을 문학기행하면서 배가 출출하던 참에 여류 문우 L이 간식으로 고구마를 가져왔기에 문우들이 맛있게 먹었다. 모두가 즐겼고 어떤 문우는 여러 개를 먹으며 평생에 가장 맛있는 고구마라고 했다. 얼마 전에는 여류 문우 K가 학교에 군고구마를 가져와 쉬는 시간과 식후에 함께 먹으며 환담하기도 했다. 몇 해 전 가을 남이섬에 문학기행 때도 L문우는 찐 고구마를 따끈따끈하게 오리털 옷가지에 보온하여 왔기에 맛있게 먹으며 무르익어 가는 만추를 만끽했다. 이처럼 고구마와 좋은 인연도 더러 있었지만 잊히고 싶은 추억도 많다.
　요즘처럼 고구마를 후식이나 간식으로 약간씩 먹으면

맛있지만 주식으로 먹을 때는 그다지 맛을 느끼지 못했을 뿐만 아니라 싫증이 날 때도 많았다. 일제강점기와 해방 그리고 6·25 전쟁과 산업화 과정을 거치면서 빈민들의 식생활도 많이 바뀌었다. 어린 시절부터 현재까지 이 모든 과정을 거치면서 빈민과 서민들의 곁에서 식생활환경 변화를 많이 체험했다. 특히 고구마는 나의 유년기부터서 학창시절이 끝날 무렵까지도 내 곁에 아주 가까이 지냈다. 초근목피(草根木皮)로 연명했다고 하면 곧이곧대로 믿는 사람들이 있을까도 싶지만 나는 실제 소나무 껍질인 송피(松皮)를 먹으며 가난하게 사는 것을 체험했다. 송피로 만든 송피떡은 보릿고개 무렵이나 흉년에 구황식품*으로 사용하기도 했다. 고구마는 송피보다는 고급 음식에 속했지만 보리밥보다는 못했고 쌀밥보다는 훨씬 더 못했다. 시래기 밥과 엇비슷하게 취급되었다.

　가을에 고구마 캐는 날은 온 집안 식구가 동원되었다. 고구마 줄기를 낫으로 베어 걷어내고 고구마가 묻혀있는 이랑을 쟁기로 갈아엎으면 고구마가 밖으로 나오고 그것을 소쿠리 등에 주워 담았다. 고구마 수확하기 전에는 고구마 순을 따서 껍질을 벗겨서 살짝 데쳐서 된장에 무쳐서 먹거나 말려서 고구마나물로 먹기도 했다. 캔 고구마는 물기가 없도록 그늘에서 말려서 습기가 없는 비탈진 곳에 땅굴을 파서 저장하면 겨울 내내 식사 대용으로 먹을 수 있었다. 물고구마 호박고구마 밤고구마 꿀고구마 등 종류도 다양하지만 어린 시절에는 주로 호박고구마를 먹었는데 최근에는 밤고구마를 자주 먹는다. 요즘 아파트에서 고구마를 구매하면 싹이 나거나 썩지 않게 빈 박스에 고구마와 신문지를 번갈아 덮고 박스에 구멍을 내어 15℃ 내외의 곳에 보관한다.

유년 시절 고구마를 김치와 곁들어 먹거나 약간의 보리밥과 섞어서 고구마보리밥을 지어 먹으면 훨씬 부드러웠다. 다만 보리와 고구마의 비율에 따라서 밥의 맛과 색깔도 달라진다. 익은 고구마 속은 노르스름하지만 껍질이 불그스레하므로 고구마밥도 그렇게 보인다. 초등학교 때 가장 싫지만 먹어야 했던 것이 고구마보리밥 도시락이었다. 친구들과 도시락을 먹으면 밥의 색깔이 애들과 달랐기에 점심때가 되면 부끄러움에 혼자서 교실 귀퉁이에서 먹은 적이 많았다. 부잣집 애들은 흰쌀밥에 고기반찬을 가져와 자랑했지만 나는 소위 말하는 꽁보리밥도 아닌 불그스레한 고구마보리밥 도시락을 친구들 앞에서 여는 것은 너무나 창피하고 싫었다. 요즘은 고구마가 아주 좋은 건강식으로 인식되고 있으니 격세지감을 많이 느낀다.

고구마와 감자의 원산지는 남미대륙이라고 한다. 고구마(sweet potato-단감자)와 감자(potato)는 영어 이름처럼 역사나 재배 과정 그리고 용도가 서로 엇비슷하다. 두 가지 모두 세계 대부분의 나라에서 재배되고 있다. 고구마는 주로 아시아나 아프리카에서 감자는 서양에서 많이 재배되고 있다. 국내에서도 많이 재배되고 있는데 고구마는 주로 전라도 지방에서 감자는 강원도 지방에서 많이 재배되고 있다고 한다. 고구마는 군고구마나 고구마전 그리고 고구마호떡 등의 음식이 있으나 감자처럼 다양하지 않은 것 같다. 감자 음식은 미국이나 유럽 그리고 국내에서도 맥도날드 등에서 햄버거와 함께 자주 나오는 감자칩을 비롯하여 감자구이 감자탕 감자전 감자만두 등 헤아릴 수 없이 많다. 재배 시기도 지역에 따라서 약간씩 다르다. 씨고구마를 3~4월에 눕혀서 묻으면 싹이 나오고 30~40일이 지나면 싹을 잘라서 5~6월에 심으면 8~9월경에 거둬들인다. 요즘 감자는 재배 철이 따로 없다지만 강원도는 8~10월경에도 수확한다고 한다.

　해외 근무를 마치고 서울에서 근무할 때 내가 사는 아파트 주변에 고구마 재배를 시도한 적이 있다. 고구마가 건강식으로 인식되기도 하였고 올림픽 아파트 단지는 그린벨트와 가까이 있어서 경작할 밭이 많았다. 어느 봄철 주말에 약 오십여 평의 밭에 삽으로 이랑과 고랑을 만들고 고구마 싹을 구매하여 심었다. 어린 시절에 수백 평의 고구마밭을 부모님이 경작할 때 곁에서 허드렛일을 도왔던 기억이 있어 나도 경작할 거로 생각한 것이 착오였다. 소가 끄는 쟁기 같은 농기구도 없이 오십여 평을 단지 삽으로 파서 호미로 심고 가꾸는 일이 너무 힘들었다. 주말이나 퇴근 후에만 관리하다 보니 고구마 순이 채 자라기도 전에 잡초가 엄청 우거져 엉망이 되었다. 지금처럼 멀칭**농법이 많이 알려지지 않을 때라 이랑에 검은 비닐로 잡초가 못 자라게 덮는 방법도 몰랐기에 그냥 중도에서 포기할 수밖에 없었다.

　세 끼 꼬박 고구마만을 먹었을 때는 고구마에 질리고 물려서 싫증이 나기도 했지만 요즘은 고구마를 대하면 고향 친구처럼 어쩐지 친근감이 있고 마음이 편하며 포근해짐을 느낀다. 아내가 가져다준 고구마 접시에서 모락모락 김이 난다. 안개처럼 퍼지며 정다운 고샅길이 앞서간다. 그래 좋지, 고향이다.

*구황식품: 흉년 따위로 기근이 심할 때 빈민들을 굶주림에서 벗어나도록 도운 식품.
**멀칭(mulching): 농작물이 자라고 있는 땅을 짚이나 비닐 따위로 덮는 일.

(2023. 5. 25)

# 손목시계

지난 연말에 손목시계를 바꿨다. 스마트폰 사용이 일상화되면서 손목시계는 외부 활동할 때만 이따금씩 차고 다녔을 뿐 집에서는 사용을 거의 안 했다. 필요성을 그다지 느끼지 못했고 손목에 차는 것도 부담스럽게 느껴졌기 때문이다. 단지 시간을 보려면 휴대폰으로 확인할 수 있어 필수품으로 생각되지 않았다. 가끔 새로운 것으로 바꾸면서 학창 시절부터 수십 년간을 줄곧 차고 다녔던 손목시계를 오륙여 년 전부터 차지 않고 다녔다. 처음에는 무엇인가 허전한 감도 있었으나 습관이 되니 오히려 홀가분하기도 했다. 손목시계를 교체하여 다시 차게 된 것은 기능과 편리성이 월등히 향상되었기 때문이다. 그래서 요즘은 낮에는 물론 잠잘 때도 차고 지낸다.

지금까지 살면서 아마도 수십 번도 넘게 손목시계를 바

꾼 것 같다. 최근에 전자 손목시계는 일반 대중에게 아주 저렴한 가격으로 보급되고 있어 그 기능보다는 외부 패션에 맞춰서 교체하는 것 같다. 단순히 시간만 보려면 1만 원 정도의 낮은 가격으로 구매하여 착용해도 기능상으로는 전혀 문제가 없는 것 같다. 물론 시간을 알리는 기능적인 것 등은 단순하지만 아주 고가의 세계적인 명품 브랜드 손목시계도 여러 종류가 있다고 한다.

한국인들에게 소위 금딱지 시계라고 불리고 있는 롤렉스(Rolex) 손목시계는 5억 원이 훌쩍 넘는 것도 있고 가격도 여러 종류가 있다고 하지만 2천만 원에서 5천만 원 사이가 많이 팔린다고 한다. 명품을 좋아하는 국내 롤렉스 마니아가 많은지 요즘도 스위스 수도 제네바에 있는 롤렉스 본사 매장에는 한국인들의 구매 행렬이 계속되고 있다고 한다. 삼십여 년 전에도 그랬던 것 같다. 그때도 한국 단체 여행객들이 스위스 가면 롤렉스 매장, 런던 가면 버버리코트 매장을 여행코스의 필수항목으로 삼았던 것 같다.

전자시계는 시침이나 분침 등이 바늘로 표시되기도 하고 숫자로 표시되기도 하지만 바늘이나 숫자 등을 사용자 임의대로 변경하는 기능도 있다고 한다. 전자시계는 대부분 배터리를 넣어 움직이지만 태엽시계는 시계 안쪽에 아주 얇고 긴 강철 띠를 돌돌 말아 그 풀리는 힘으로 시곗바늘을 움직인다. 그러므로 주기적으로 태엽을 감아 주어야 한다. 시계태엽을 감는 것을 시계에 밥을 준다고 말하기도 했다. 젊은 시절에 집에서 벽걸이 태엽시계에 며칠 간격으로 밥을 줬던 것을 생각하면 격세지감이 든다.

요즘은 대부분 사라졌지만 70~80년대까지도 태엽시계가 대부분이었다. 하기야 지금도 우리 집 거실 전화 탁자 위에는 태엽식 회중시계가 놓여있다. 고가는 아니지만 시계 본체와 줄을 금도금한 것으로 해외 생활하면서 구입하여 주머니에 넣고 다녔다. 요즘은 단지 장식용으로만 놓여 있는데 고풍스러운 탁자와 매치가 잘 어울리는 것 같다. 소위 말하는 금딱지 롤렉스 등의 명품 시계는 지금도 태엽식이 많다고 한다. 내가 아끼고 기억에 남은 손목시계도 태엽식이었다. 결혼 선물로 받은 것인데 회사원 한 달분 월급 정도였으니 꽤 고가인 셈이었다. 그러나 안타깝게 십여 년 정도 사용하다가 현장 근무 중 불의의 가스 사고로 분실되었다가 훗날 되찾았으나 기능이 저하되어 폐기되었다.

요즘 웬만한 전자 손목시계는 구매 가격과는 상관없이 시간을 알리는 정확도는 대부분 양호하다. 또한 다양한 기능성도 비슷한 것 같다. 그러나 착용자의 체내에서 일어나는 신체 변화를 분석하는 기능 등은 차이가 있는 것 같다. 예를 들면 걷기나 수영 등 운동할 때의 상태를 나타내는 기능 등은 엇비슷한 것 같다. 다만 갑자기 넘어져 위급할 때뿐만 아니라 평시에도 심장 관련 기능 등을 분석하여 다른 사람에게 알려주는 방법에서 차이가 있는 듯하다. 또한 스마트폰이 주위에 있으면 전화 송수신은 물론 수시로 일어나는 뉴스 듣기와 카카오톡 등의 기능을 죄다 조작할 수 있다. 조그마한 시계 안에 그토록 많은 기능이 있는 줄은 미처 몰랐다. 그렇다고 가격이 상대적으로 비싸지도 않아서 세계적인 브랜드 스마트폰의 절반 정도인 것 같다.

　손목시계를 차고 있으면 시계가 자체적으로 진맥(診脈)을 통하여 밤낮없이 계속하여 체내 변화를 분석하여 알려주니 참으로 유용하다. 사용하기 전에는 별로 관심이 없었으나 한의사가 병을 진찰하기 위하여 사람 손목의 맥을 짚어 보는 것처럼 손목시계도 진맥을 그것도 밤낮으로 계속하여 할 수 있고 넘어져 위험에 처해도 타인에게 급히 알려주는 기능 등이 있다. 한의학에서는 병을 진찰하기 위하여 손목 등의 맥을 짚어 보고 대부분의 체내 증상을 알아낸다고 한다. 논어의 위정편에서 나오는 온고지신(溫故知新)은 공자의 말로 '옛것을 익히고 그것을 미루어서 새것을 안다'는 뜻이다. 수세기 동안 고전적으로 내려온 진맥에 의한 의술을 일부분이라도 근래에 와서 손목시계가 담당할 수 있도록 하는 것 같다.

　스마트폰이 출시되기 전, 전화 통화나 문자메시지 위주로 사용했던 저성능 피처폰을 사용할 무렵에는 스마트폰이 새로 출시되어도 혁신적인 내용 등을 잘못 이해했던 것처럼 쪼그마하지만 다방면의 기능을 가지고 있는 전자 손목시계의 효용성을 오판할 뻔했다. 중국 정부가 서방세계의 내정 간섭에 거부감을 드러낼 때 이따금씩 사용하는 '신발론(신발이 발에 맞고 안 맞고는 자신이 신어 봐야 안다)'처럼 지인으로부터 좋다는 이야기를 많이 들었으나 선입견만 가지고 별로라고 생각했는데 실제로 착용해 보니 손목시계의 다양한 진면목을 알게 되었다. 스마트폰이 진화를 계속하는 것처럼 손목시계뿐만 아니라 삼라만상이 진화를 거듭하고 있는 것 같다.　　(2022. 4. 7)

# 영원 속의 흔적

우리나라 출산율 저하는 심각하다. 지난 2일 뉴욕타임스(NYT) 칼럼니스트 로스 다우서트(Ross Douthat)가 쓴 '한국은 사라지고 있나?(Is South Korea Disappearing?)'에 놀라운 기사를 실었다.

"한국은 선진국을 덮고 있는 인구감소 문제에 대해 놀라운 사례다. 거의 모든 부유한 국가에서는 출산율이 대체 수준 이하로 떨어졌지만 일반적으로 이는 여성 1인당 1.5명의 자녀를 둔다는 의미다. 예를 들어, 2021년 미국은 1.7, 프랑스는 1.8, 이탈리아는 1.3, 캐나다는 1.4였다. 그러나 한국은 1980년대에 대체 이하 영역에 빠졌다가 최근에는 훨씬 더 감소하고 있다는 점에서 독특하다. 2018년에는 여성 1인당 자녀 수가 1명 미만으로 떨어졌고, 팬데믹 이후에는 0.8명으로 떨어졌으며 현재 2분기와 3분기

잠정 데이터에서는 2023년에는 여성 1인당 출생아 수가 0.7명에 불과하다. 이 수준의 출산율을 유지한 국가는 한 세대에 200명당 다음 세대에는 70명으로 줄어들게 되는데, 이는 14세기 흑사병이 유럽에 가져온 것보다 더 많은 인구 감소를 의미한다. 2세대 전환을 통해 실험을 실행하면 원래 200명의 인구가 25명 아래로 떨어진다. 다시 실행하면 소설 스티븐 킹의 '스탠드(The Stand)'에 나오는 가상의 슈퍼플루로 인한 인구 붕괴에 가까워지고 있다."

미국 스티븐 킹(Stephen Edwin King)이 쓴 『스탠드』는 공포 소설로서 정부 연구소에서 우연히 방출된 슈퍼플루 바이러스로 인해 황폐화된 세계를 배경으로 펼쳐진다. '캡틴 트립스'로 알려진 바이러스가 급속히 퍼지면서 세계 인구 대부분이 멸절된다.

며칠 전 고향 나주 문중 모임에 다녀왔다. 농경시대부터 시작하여 수세기 동안 유지되고 있는 성과 본이 같은 가까운 집안끼리의 문중 모임이다. 혈연 공동체인 씨족 중심의 모임인 문중회의 규모도 점차 줄어지고 있으나 지방에서는 일반적으로 매년 봄 가을에 개최하고 있다. 내가 속한 문중 가족은 200여 명으로 수세기 전부터 십여 년에 한 번씩 돌아가면서 해당 가문이 유사(有司)를 맡아 행사를 주관하고 있다.

반세기 전쯤 문중 회의는 남녀노소 백여 명 이상 모여서 큰 잔치로 치렀다. 행사 며칠 전부터 지에밥과 누룩을 버무리어 술을 빚기도 하고 소와 돼지 등을 잡아서 떡이나 과일 등과 함께 푸짐하게 나누어 먹었기에 문중 행사는 언제나 벅적벅적했다. 요즘은 식당에서 대부분 회의안건 중심으로 조용하게 진행한다. 전주 이씨 효령대군파 전체적인 모임은 방배역 근처의 청권사에서 매년 음력 10월에 효령대군 묘제와 병행하여 치른다. 근래에 문중회의 규모가 작아지는 원인은 현대사회에서 바쁘게 살다 보니 시간적 여유가 없을 뿐만 아니라 급격한 인구 감소 영향도 크게 작용한 것 같다.

유교문화에서는 묘지에 대한 중요도와 관심이 아주 많다. 유년 시절 우리 가문은 철저한 유교문화를 숭상했다. 유교사상은 조상숭배와 상하계층 구분 등으로 가난한 민초들에게는 커다란 부담이었다. 나는 전주 이씨 시조 신라시대 이한의 43세손이고 태조 이성계의 손자 효령의 20세다. 초가 단칸에서 가난한 소작농의 6남매 중 다섯 번째로 태어나서 전깃불도 들어오지 않는 농촌에서 유년기를 맨발로 살았으나 식구가 많다는 것을 못 느꼈고 오히려 오손도손 얘기를 나누며 즐거웠다. 아내의 형제자매도 9남매다. 일제강점기 무렵에는 7~8명의 자녀는 보통이었고 6~70년대 결혼 세대는 대개 2~3명의 자녀를 두었으나 요즘은 1명도 안 되니 뉴욕타임스 기사가 실감 난다. 줄어드는 것은 장묘문화에서도 나타난다.

몹시 가난해서 세우지 못했던 선대의 묘지에 훗날 비석을 모두 세웠지만 몇십 년도 못 가서 묘지 터를 정부에서 수용하게 되어 이십여 년 전에 다른 곳에 이장하여 새로운 비석을 세웠다. 그런데 문중 회의에서 인구감소 등으로 벌초 등 묘지 관리가 어려워질 것이 예상되므로 두 번째 세웠던 비석들도 이제 규모를 더 줄여야 한다고 제안한다. 국립묘지와 같이 봉분을 아예 없애고 조그마한 비석으로 대체하거나 또는 납골당을 지어 유골을 안치하거나 자연장을 주장하기도 한다.

그리스어에 때를 나타내는 말로 '크로노스(Kronos)' 시간과 '카이로스(Kairos)' 시간 개념이 있다. 크로노스 시간은 과거부터 미래로 일정한 속도와 방향으로 기계적으로 연속하여 영원히 흐르는 시간을 말하고 카이로스 시간은 인간의 주관적인 시간을 나타내는 시간을 말한다. 종교적인 내용을 떠나 우주는 130억 년 전후에 생성되었고 화성과 지구 등은 45억 년쯤이라고 한다. 지난 7월에 미국은 NASA 화성 탐사선 퍼시비어런스(Perseverance)가 지금은 생명체가 없이 먼지가 흩날리는 화성 예제로(Jezero) 분화구에서 유기물 흔적을 발견했다고 보도했다. 여러 종류의 유기물이 발견된 만큼 화성의 생명체 비밀에 점차 다가갈 수 있을 것으로 보인다. 지구의 종말에 대하여 스티븐 킹의 공포 소설 등이나 여러 가지 학설 등이 있지만 그것도 아주 아주 먼 훗날의 이야기일 것이다.

그러나 비록 먼 미래의 어느 시점에서 카이로스 시간이 멈춘다고 하더라도 무한대로 영원히 계속되는 크로노스의 시간에서 화성의 예제로 분화구 유기물처럼 극히 작은 흔적만 남기고 홀연히 떠나갈 수도 있다는 생각도 되지만 그것은 기우(杞憂)*라고 믿고 싶다.

*기우(杞憂): 옛날 중국 기(杞)나라 사람이 하늘이 무너질까를 걱정했다는 고사로서 쓸데없는 걱정을 말함.

(2023. 12. 7)

## 시나브로 멀어져 가지만

새해를 맞으며 지인들에게 카톡으로 e카드를 보냈다. 새해를 축하하기 위해서 간단한 글이나 그림을 담아 보내던 연하장 본 것이 까마득히 오래된 것 같다. 이제 손편지 대신 카톡이나 문자메시지 또는 이메일 등으로 연하장을 대신하고 있다. 70년대 연말에는 지인들에게 연하장을 보내는 풍습이 인기를 끌기도 했지만 손편지를 주고받는 문화가 점차 사라져가고 있다. 연말뿐만 아니라 크리스마스나 명절 또는 생일에도 카드에 정성껏 글씨를 써서 주고받던 풍습도 이제 e카드 등으로 바뀌고 있다. 연하장은 18세기경부터 유럽 등에서 시작하여 요즘까지도 그러한 풍습이 서구 문화권에서는 지속되고 있는 것 같다. 물론 조선시대에서도 새해가 되면 임금이나 웃어른에게 문안하던 명함(名銜) 세배와 문안단자(問安單子)를 드리는 풍습이 일부 계층에게 있었다.

  며칠 전 집전화기를 교체했다. 집전화기로 전화를 거는 일은 거의 없고 이따금 외부에서 걸려 오는 전화를 받는 것이 대부분이지만 오랫동안 사용하다 보니 낡아져 인터넷에서 주문했다. 걸려 오는 것도 광고이거나 여론조사가 대부분이다. 휴대폰만으로도 일상생활에서 불편이 없지만 공공기관이나 내 휴대폰 번호를 모르는 지인들을 위해서 집전화기를 그냥 유지하고 있다. 요즘 대다수의 젊은 세대는 집전화기 없이 휴대폰만을 사용하고 있는 것 같다. 예전에 공공장소 등에 많이 보이던 공중전화 박스나 부스도 시나브로 줄어들고 있더니 아예 자취를 감춘 곳도 많다.

  예전에는 여러 사람들이 도심이나 도로변 요지의 빨간 공중전화 부스 앞에서 전화를 걸기 위해 길게 줄지어 서 있던 모습이 많았다. 공중전화 부스는 칸막이로 외부와 차단하여 송화자의 대화내용 등을 보호하지만 이보다 더 간편하게 전화기 하나와 전화번호부 넣는 간이 공중전화 박스도 있었다. 전화기에 동전을 넣고 원판 모양의 전화 번호판에 손가락을 넣어서 오른쪽으로 돌리는 따르릉 전화기도 있었고 나중에는 동전을 넣는 방식에서 카드로 결제하여 전화하는 방법으로 바뀌기도 했다. 그 시절 공중전화 부스에서 10원짜리 동전이 모자라서 100원짜리를 넣고 거스름돈을 받을 수 없어서 서운하게 생각하며 다음 사람이라도 사용하라고 수화기를 공중전화기 위에 올려놓고 갔던 배려심 많은 사람들도 있었고, 앞에서 통화 중인 사람이 너무 길게 통화한다고 눈을 흘

기던 사람들, 자기가 매우 급하다고 먼저 전화를 걸게 해 달라고 애원하던 사람들 등 사라져 간 모습들이 아직도 눈에 선하다.

얼마 전 연말 지역 불우이웃과 지적장애인 돕기 자선행사에 애지중지하던 LP레코드와 노래테이프 등을 기증했다. 실제 누군가가 관심을 가질 거란 확신은 없었지만 LP 애호가들을 위해서 기증했다. LP레코드 플레이어의 턴테이블에 걸어 명곡 등을 감상했던 레코드판을 생각하면 옛 추억들이 주마등처럼 스쳐간다. 그러나 LP 역시 CD, MP3, 스트리밍 서비스의 등장과 함께 급속히 쇠퇴의 길을 걸은 지 오래다.

80년대 초에 등장한 CD는 기존 음반의 크기와 음질, 잡음의 현저한 감소와 재생할 수 있는 음역의 확대 그리고 수록 시간 등이 기존 LP를 대체하기에 충분했다. 다만 LP 애호가들 중에는 CD가 너무 날카롭고 딱딱하여 압축된 느낌의 음질인 데 반해 LP는 좀 더 따뜻하고 부드러운 소리가 난다며 LP를 고집하기도 한다. 하기야 미국에서는 아직도 연간 수백만 장의 LP음반이 팔린다고 한다. 이제 음악 파일이나 동영상 파일을 스마트폰 따위의 단말기나 컴퓨터에 내려받거나 저장하여 재생하지 않고, 인터넷에 연결된 상태에서 실시간으로 재생하는 스트리밍(streaming)이 대세를 이루고 있는 것 같다. 번거롭기는 했지만 LP음반을 턴테이블에 올려놓고 음반 위의 바늘을 점검하고 명곡을 감상하다가도 턴테이블이 계속하여 회전하도록 이따금 태엽을 돌려주던 추억이 잊히지 않는다.

며칠 전 '막 내리는 KT전보 서비스, 내년 2월까지만 한시 제공'이란 기사가 젊은 시절에 대한 향수를 불러일으켰다. 연말연시 일부 전보 이용고객에 대해 한시적으로 2024년 2월 말까지 전보 서비스를 제공한다고 한다. 전보 서비스가 역사 속으로 자취를 감춘다는 소식이 친지 간에 안부 메시지를 많이 주고받는 연말과 시즌이 겹치면서 갑자기 국민적 관심이 커지고 있는 것 같다. 1885년 한성전보총국이 서울-인천 간 전보를 처음 보낸 지 138년 만이다. 내년 3월부터는 우체국에서 '경조 카드 서비스' 등을 이용해야 한다고 한다.

대학을 갓 졸업하던 해부터 아내와 나는 각기 첫 직장에 다니면서 멀리 떨어져서 근무하며 연애했다. 문교부가 교사들의 첫 발령지를 대부분 오지나 외딴섬으로 할 무렵이었다. 아내도 첫해를 섬에서 근무하며 주말이나 휴일에 나와 만나려면 전보를 주고받았다. 그때처럼 가슴 저리도록 그리워지고 반가웠던 전보는 없었던 것 같다. 그리고 우리들 결혼식에 참석하지 못한 지인과 친구들이 전국 각지에서 보내온 선보들이 시금도 서랍에 가득하다. 물론 전보는 기쁨을 주는 희보나 낭보도 많았지만 슬픈 기별이나 소식을 전하는 가슴 시린 비보도 많았다.

옛것을 익히고 그것을 미루어서 새것을 아는 것을 온고지신(溫故知新)이라고 논어에서 공자가 말했다. 비록 세월에 밀려 시나브로 우리 곁에서 사라져가지만, 그것들을 익히고 발전시켜 새로운 미래를 열어가는 것 같다.

(2023. 12. 27)

## 고향과 타향

지난 주말 고향에 다녀왔다. 효령대군의 시호인 정효공(靖孝公) 나주종회 시제가 있었다. 시호는 제왕이나 재상들이 죽은 뒤에 그의 공덕을 칭송하여 부르던 이름이다. 효령대군의 본이름은 이보이고 묘제는 매년 가을 방배역 근처 청권사*에서 진행한다. 따라서 나는 고향시제와 서울묘제에 참석한다. 이번 시제는 코로나로 한동안 개최되지 못하다가 오랜만에 있었기에 모두가 반갑기도 했지만 참석하지 못한 문중들의 안타까운 사연들도 있어 애석하기도 했다. 고향을 방문할 때마다 어린 시절 함께 동고동락했던 지인들의 소식도 뜸해지고 있다. 마음속의 고향에 대한 그리움과 사랑은 조금도 사그라지지 않았지만 현실의 고향 생각은 시나브로 시들어 가는 것 같다.

고향은 누구에게나 있기 마련이다. 고향은 자기가 태어

나서 자란 곳을 말하지만 조상 대대로 살아온 곳이나 마음속에 깊이 간직한 그립고 정든 곳을 고향이라고도 말한다. 고향을 방문할 때마다 내가 유년 시절을 보냈던 동네와 초등학교 오가는 길가 주변을 살피곤 하는데 야산과 강변, 들과 저수지 그리고 실개천들은 예전보다 더 아름다운 모습으로 변하고 있지만 반갑게 맞아주는 얼굴들은 알게 모르게 사라져가고 있어 아쉬움은 더해가고 있다. 초가지붕이 사라진 지는 수십 년이 지났으며 어린 시절 꿈을 키워준 초등학교도 인구 감소와 도시화 바람으로 폐교한 지 오래되었고 뛰놀던 운동장엔 무성한 잡초만 우거지고 창고처럼 낡아 있는 건물은 적막감을 더해 준다.

어떤 때는 고향과 타향에 대한 노래 가사를 되짚어 보기도 했다.

> 타향도 정이 들면/ 정이 들면 고향이라고/ 그 누가 말했던가 말했던가/ 바보처럼 바보처럼/ 아니야 아니야 그것은 거짓말/ 향수를 달래려고/ 술이 취해 하는 말이야/ 아~ 타향은 싫어//

70년대 초에 크게 유행했던 남국인 작사 김상진 노래 「고향이 좋아」의 1절이다. 나는 고향에 대한 향수와 추억이 가슴속 깊이 살아 있지만, 반세기 이상을 살고 있는 현재의 서울도 고향 못지않게 사랑하고 좋아한다. 50여 년을 살다 보니 고향보다 더 많은 추억을 간직하고 가족과 친지, 친구 그리고 많은 지인들과 함께 지내는 서울이 더 좋다. 그래서 서울이 타향이라는 생각을 조금도 안 한다.

고향에 대한 향수는 비단 사람뿐만 아니라 동물인 어류에게도 있다. 연어나 은어 등의 물고기는 태어난 곳에서 다른 곳으로 이동하여 성장한 뒤에 산란을 위하여 태어난 곳으로 다시 되돌아오는 회귀본능의 기능이 있다. 연어의 경우 민물인 강에서 부화하여 몇 주일 후에 바다로 내려가 4~5년 성장한 뒤 산란을 위해 자기가 태어난 고향의 강으로 돌아온다. 강원도 남대천에는 봄에는 황어가 여름에는 은어가 가을에는 연어가 산란을 위해 바다에서 올라온다. 연어는 무려 1만 6천 킬로미터가 넘는 힘겨운 여정의 바닷길을 헤엄쳐 올라와서 꼬리로 자갈을 파고 그 안에 알을 낳아 자갈로 덮고 부화를 기다린다.

고향에 대한 향수, 회귀본능 그리고 타향에 대한 생각과 그곳에 가고 싶거나 살고 싶은 마음은 장소와 때에 따라서 사람마다 각기 다를 수 있다. 나는 마음속의 고향에서 실제로 살고 싶은 생각은 별로 없다. 해외 근무 시절 고국에 대한 향수가 너무 간절하여 '코리아 나의 조국'이란 영시를 써서 시집에 싣기도 했지만 그 시절에도 국내에 출장 오거나 매년 연말의 해외 지사장 회의 참석 후에는 출장 온 고국에 머물기보다는 해외 근무지에 살고 있는 가족들에게 하루라도 빨리 가려고 서둘렀다. 고향이든 타향이든 가족이 살고 있는 곳에 빨리 가고 싶은 것은 인지상정이다.

고향에 매년 또는 수시로 다녀오는 것은 유년 시절의 향수나 고향이 좋아서라기보다는 선영에 안장된 부모님의 산소뿐만 아니라 먼저 가신 선조들의 성묘를 위해서다. 일종의 의무감도 있다. 그러나 우리 이가(李家)의 시조 이한(李翰)이 태어난 곳인 본향(本鄕) 전주 덕진구는 한 번도 가보지 못했다. 신라시대의 이한으로부터 나는 43세(世), 효령 기준 20세가 되지만 어찌 보면 연어의 회귀본능처럼 살지도 않은 셈이다.

네 고향이 어디냐고 묻는다면 서슴없이 나주라고 대답하지만 서울이 타향이냐라고 묻는다면 망설여진다. 정보화 현대사회의 비좁은 나라에서 고향과 타향의 구분이 무의미하겠지만 노래 가사처럼 '타향도 정이 들면 고향'이라는 말은 과연 '향수를 달래려고' 하는 거짓말일까를 되새겨 보기도 한다.

\*청권사(淸權祠): 조선 3대 임금 태종의 차남이자 4대 임금 세종의 둘째 형 효령대군 이보의 묘소 및 사당.

(2023. 4. 6)

# 온고지신

젊은 시절 한때 고향을 잊고 싶었던 시기가 있었다. 가난했던 시절을 떠올리는 것이 매우 싫었다. 소작농의 집안에 태어나서 어렵사리 학창 시절을 보냈던 시기가 부끄럽게 생각되었고 감추며 살고 싶었다. 궁핍하게 사는 처지가 그리고 후진국인 한국에 태어난 거 자체가 별로라는 생각에 나 자신을 지나치게 비하하며 살았던 거 같다. 훗날 종교적인 영향으로 매사에 긍정적인 마인드로 바뀌었지만 젊은 시절 한동안 성장통이 심했던 거 같다. 삶에 쪼들려 앞만 보며 달려가야 하는 바쁜 생활 속에서도 이따금씩 농촌에 대한 그리움이 불현듯 내 가슴속에 솟구쳐 오를 때도 감정을 억누르며 자학(自虐)에 빠져서 살았던 거 같다. 그런데 이상하게도 빈곤하게 살았던 고향을 어떻게든 잊고 살려고 노력하면 할수록 어찌된 일인지 나도 모르게 불쑥불쑥 쪼들렸던 삶들이 더 회상되었고 그때마다 마음은 조금씩 정화되는 것을 느끼기도 했다.

　가난한 빈농 출신임을 부끄럽게 여기고 그 시절을 회상하면, 심리학에서 말하는 마음속에 억압된 감정의 응어리를 언어나 행동을 통하여 외부에 표출함으로써 정신의 안정을 찾는 일 즉 카타르시스(catharsis)를 경험했던 거 같다. 훗날 문학 수업과 창작 활동을 시작하면서 작가가 어려운 환경을 그렸을 때 독자의 마음을 더 많이 정화시킬 수 있다는 이론도 알게 되었다. 작가가 어렵사리 지냈던 고향의 체험, 고향의 풍경, 고향의 전설 그리고 도심 속의 만원 지하철이나 만원 버스, 전통시장 등을 소재로 한 작품은 독자들에게 쉽사리 다가갈 뿐만 아니라 카타르시스를 더 많이 느끼게 한다고 한다.

　며칠 전에 중국 작가 모옌의 에세이집 『고향은 어떻게 소설이 되는가』를 읽었다. 원작품은 『모옌산문신편(莫言散文新編)』으로 2010년에 베이징에서 처음 발표되었는데 최근 국내 출판사에서 박재우 배도임이 개명하여 한국어로 옮겨서 2022년 12월 20일 출판하였다. 지난 1월 19일 중앙일보 2012년 노벨문학상을 받은 모옌(莫言)의 작품을 소개했다. 「한때 외면했던 고향, 내 문학의 뿌리가 됐다」라는 제목에서 모옌은 "고향을 떠난 뒤 한동안 고향을 억누르는 잘못된 태도를 갖고 살았다. 훗날 고향이 내 문학의 밑바탕이 될 것이라는 사실을 깨달았고 이때부터 물고기가 바다에서 헤엄치듯 자유롭게 글을 쓸 수 있었다"라고 기술했다.

모옌이 고향에 뿌리를 둔 소설로 1985년 발표한 중편 『투명한 홍당무』에서 그는 열두 살 때 다리건설 현장에서 막노동을 했다. 돌을 부수고 뒤에는 철공에게 풀무질을 해주었다. 정오에 철공들과 석공들이 다리 아래쪽 빈터에 누워서 쉴 때 그는 배고픔을 참지 못해 근처 무밭에서 당근 한 뿌리를 뽑아 먹은 경험을 그렸다. 홍당무를 먹다가 농부에게 붙잡힌 모옌은 책임자에게 보내졌고 200여 명의 일꾼들이 서 있는 마오쩌둥(毛澤東) 주석의 초상화 앞에 꿇어앉아 울면서 '1만 번 죽어도 싼 죄를 지었다'며 용서를 구했고 집에 돌아가자 형이 그의 엉덩이를 발로 차고 아버지가 흙이 묻은 낡은 신발로 머리통과 등짝을 때렸다고 회상했다.

모옌이 만일 먼 훗날까지 배고픔에 시달렸던 고향이 별로라고만 생각하며 자신을 억누르고 비하했더라면 물고기가 바다에서 헤엄치듯 좋은 글을 쓰지 못하였을 거 같다. 모옌은 『고향은 어떻게 소설이 되는가』에서 '고향은 바로 경험이다'라는 주제를 설명하며 미국 작가 토머스 울프의 글을 소개했다. "진지한 소설은 모두 자서전적이다. 게다가 누구든 만약 어떤 진실한 가치를 가진 것을 창조해내려고 한다면 반드시 그 자신의 생활 속에서 소재와 경험을 사용해야 한다."

모옌의 어린 시절 경험담 일부는 나의 유년 시절의 경험과 비슷하기도 했다. 내가 초등학교 4학년 여름방학 동안에 집안이 빈곤하여 공사장에서 자갈을 망치로 깨는 막노동을 해야 했다. 농촌 마을 하천에 콘크리트 다리를 건설하며 다량의 자갈이 필요했기에 석산에서 가져온 큰 바윗덩어리를 어른들이 중간 덩이로 깨면 아이들이 자갈 크기로 깨는 일이었다. 깬 자갈을 나무 상자에 가득 채워야 저녁때 그날의 일당이 나오므로 쉬지 않고 계속하여 깨야 했다. 어쩌다 한눈팔다가 잘못으로 내 손가락 마디를 때려서 피가 몹시 나고 멍이 들 때가 많았고 그때마다 며칠간은 아파서 잠도 제대로 못 잤지만 낮 동안은 망치질을 계속해야 했다. 지금도 내 왼손에 남아 있는 그때 상처의 흉터를 보면 어린 시절 추억이 아려온다.

해외 생활을 하면서도 이따금씩 '옛것을 익히고 그것을 미루어서 새것을 안다'는 온고지신(溫故知新)을 생각하며 유년 시절의 아린 추억을 담은 시를 썼다. 「망치와 낫」은 미국 생활하면서 쓴 것으로 훗날 영시집 『Korea My Homeland』에 실었다.

### Hammer and Sickle

The scars on my left fingers remind me of my childhood./ During the Korean War we were poor and miserable./ Hungry, I wandered the streets to find food.// Sometimes, even though I was a very young boy,/ I worked at construction sites,/ using a hammer to break stones into small pieces for the concrete bridges.// Sometimes I was careless and the hammer hit my finger./ Each time the wounds took longer to heal.// In summer I went out to the fields to cut fodder for compost,/ mowing grass with a sickle and repeatedly injuring my fingers.// The hammer and sickle were my familiar childhood friends,/ teaching me the sanctity of bread, rest and freedom.

**망치와 낫**

　나의 왼손가락을 보면 유년 시절이 생각난다./ 전쟁 중 우리는 가난하고 비참했다./ 배가 고파 먹을 것을 찾아 거리를 헤맸다// 아주 어린 나이에 때로는 공사장에서/ 콘크리트 다리를 만드는 데 쓰려고/ 망치로 돌을 잘게 깨는 일을 했다// 그 일을 하다가 때때로 손가락을/ 망치로 때리는 실수를 해 부상을 당했고/ 그때마다 치유하는 데 시간이 걸렸다// 여름에는 들로 나가 퇴비감과 풀을 낫으로/ 베면서 손가락을 계속 다쳤다// 망치와 낫은 나에게 빵과 휴식과 자유의/ 신성함을 가르쳐준 유년의 친구다

(2023. 3. 9)

# 4

## 마음먹은 만큼 행복하다

## 수평선과 갈매기

저녁노을을 보면 왠지 마음이 숙연해진다. 젊은 시절 한동안 수평선 노을에 심취되어 시간 가는 줄도 모른 채 한없이 물끄러미 바라보는 것을 즐겼다. 노을은 해가 뜨거나 질 무렵에 하늘이 햇빛에 물들어 벌겋게 보이는 현상이다. 지평선보다 수평선에서 붉게 물든 해가 마지막으로 말없이 넘어가면 무엇인가 아쉬운 마음이 스치고 지나가곤 하지만 어쩐지 그다음 날에도 또다시 보고 싶어진다.

이십여 년 전 샌프란시스코 근교에서 생활할 때 서부 태평양 퍼시비카(Pacifica)해변에서 끝없이 펼쳐지는 수평선을 하염없이 바라보고 있을 때면 드넓은 바다 위를 자유롭게 날갯짓하며 스쳐 가는 갈매기 무리가 고향을 불현듯 떠올리게도 했다. 그런데 며칠 전 요트 여행하면서 날개

치거나 활공하는 갈매기를 바로 내 곁 머리 위에서 볼 수가 있었다.

 1월 중순 주말에 부산을 1박 2일 일정으로 패키지여행을 했다. 군입대를 1~2년 앞둔 손주 2명과 함께 겨울방학을 이용하여 동해안을 여행하려던 계획 대신 부산 여행을 선택했으나 그곳도 볼거리가 아주 다양하고 옛 추억을 많이 떠오르게도 했다. 우리와 동행한 30여 명도 대부분 가족 단위의 여행객이었다. 해변열차와 요트투어 해운대 빛 축제 그리고 국제 시장 등 볼거리가 다양했다. 요트투어는 바다 풍경을 배경으로 광안대교와 마린시티의 높이 솟아오른 마천루 건물들이 화려한 스카이라인을 형성하고 있었다. 문득 부산 마린시티처럼 바닷가에 접한 빌딩에서 거주하면서 수평선에 심취했던 인도 뭄바이 시절이 스쳐 갔다. 그곳에 살면서 처음 몇 달 동안은 수평선 해돋이와 해넘이 모습이 너무도 아름다웠으나 몇 년을 살다 보니 무관심해지거나 오히려 수평선과 함께 시야에 들어오는 갈매기 떼에 더 관심이 많아지기도 했다. 그런데 갈매기 무리를 우리가 타고 가는 유람선 위의 손에 잡힐 듯이 가까운 곳에서 마주할 수 있어서 너무나 반가웠다.

 갈매기와 함께 유람선 여행하는 동안 선내 스피커에서는 연신 「부산 갈매기」와 「돌아와요 부산항에」 노래가 흘러나오고 일부 여행객은 그 노래에 맞춰 합창하기도 했다.

지금은 그 어디서 내 생각 잊었는가/ 꽃처럼 어여뻐 그 이름도 고 왔던 순이 순이야/ 파도치는 부둣가에 지나간 일들이 가슴에 남았는데/ 부산 갈매기 부산 갈매기 너는 정녕 나를 잊었나 (하략)

문성재 노래 「부산 갈매기」는 부산지역을 상징하는 새인 갈매기를 소재로 한 노래로 조용필의 「돌아와요 부산항에」와 함께 부산지역을 대표하는 노래가 된 것 같다. 이 두 가지 노래가 부산을 대표하는 노래라면 아마도 목포를 대표하는 노래는 이난영의 「목포의 눈물」일 것이다.

추운 바닷물 위에 수많은 갈매기 떼가 무리를 지어 앉아 있다가도 유람선이 출발하는 무렵에는 출발지부터 관람객 머리 위를 날갯짓하며 가까이 다가온다. 여행사에서 출발지부터 승객들에게 갈매기 모이용 새우깡 한 봉지씩을 나눠주니 갈매기와 승객들은 처음 만남 같았지만 모두가 반기며 여행을 즐길 수 있었다. 갈매기는 몇 가지 종류가 있다고 하며 일반적으로 대개 지구 북반구에 분포한다고 한다. 해안이나 항구 등에 많이 서식하면서 창공을 자유롭게 날갯짓하며 평화로움을 느끼게 한다. 갈매기와 즐기면서 오륙도 해안을 바라보며 오륙도 명칭의 유래를 떠올렸다. 바라보는 방향에 따라서 또는 밀물과 썰물에 따라 다섯 개 또는 여섯 개로 보이는 오륙도는 부산을 상징하는 가덕도 을숙도 영도와 함께 부산의 대표적인 섬이라고 한다.

송도 해상 케이블카는 송도해수욕장 동쪽 송림공원에서 서쪽

암남공원까지 바다 위를 가로질러 운행하는데 바다 한가운데에서 느끼는 짜릿함과 동시에 송도해수욕장, 부산 영도와 남항대교, 송도 해안 둘레길, 파도치는 기암절벽까지 한눈에 감상할 수 있었다. 미포와 송정 사이의 해변열차 체험과 '2024 해운대 빛 축제'를 감상했다. 저 멀리 수평선 해넘이 노을은 하늘과 바다가 갈라진 흔적을 보여주며 그 사이로 핏물이 번져 나오는 또 다른 낭만이 가득한 파노라마였다. 그 노을에서도 갈매기의 날갯짓은 멈추지 않고 저물어 가는 바다 위를 스쳐 가며 안부를 묻는 듯했다.

  우뚝하니 무아지경으로 심취하며 바닷가에 서 있을 때 우리 속담 '갈매기도 제집이 있다'와 미국 소설가 리처드 바크의 소설 『갈매기의 꿈』에서 '가장 높이 나는 갈매기가 가장 멀리 본다(The gull sees farthest who flies highest)'는 구절이 긴 여운을 남기며 스쳐 갔다. 손주들을 쳐다보며 저 아이들이 아주 멀리 보는 사람들이 되기를 바라는 마음이 간절해진다. 노을은 그런 마음을 더욱 붉게 물들이고 있다.

(2024. 1. 17)

## 궁하면 통한다

'필요는 발명의 어머니'라는 말이 있다. 고대 그리스 철학자 플라톤의 저서 『공화국』에서 처음 나오는 말로 '필요 또는 문제는 필요를 충족시키거나 문제를 해결하기 위한 창의적인 노력을 경주한다'라고 기술되었다. 우리가 흔히 쓰는 속담에 '궁하면 통한다'거나 '이가 없으면 잇몸으로 산다' 등 여러 가지의 속담이 있다. 이 속담들은 '하늘이 무너져도 솟아날 구멍이 있다'라고 하듯이 아무리 어려운 일을 당해도 헤쳐 나갈 방법이 생긴다는 뜻이다.

올해 들어 코로나 질병으로 인하여 우리의 생활습관이나 의료, 교육, 대인관계 등이 전반적으로 변화하고 있다. 어쩌면 인류는 사람들에게 계속하여 접근하려는 코로나 질병을 차단하면서 하루하루 삶을 계속하고 있다. 현재 개발 중인 백신이나 치료제가 하루속히 상용화되면 좋겠다. 하지만 실제 일반 대중이 이용 가능한 시기는 내년 하반기쯤 이라는 뉴스 기사도 있어 뉴 노멀(New Normal) 시대는 당분간 지속될 것 같다.

코로나가 시작될 무렵부터 자식들 가족이 주말이면 인사차 집에 오겠다고 하였으나 사회적 거리두기 등을 감안하여 다음에 오라고 계속 미루었기에 이번 추석은 온 가족 만남이 기다려졌고 얼굴도 보고 싶었다. 그러나 망설임 끝에 직접 대면 만남을 또다시 미루고 그 대신 비대면 방식인 줌을 통해서 만났다. 추석날 오전에 아들들만 대표로 마스크 쓰고 집에 와서 대면 인사하고 각기 집에 돌아갔다. 그리고 미국에 살고 있는 가족 시간에 맞춰 오후 1시부터 아들, 며느리들과 손자손녀들을 포함한 온 가족 14명이 비대면 만남을 가졌다. 참으로 편리했다. 코로나로 대면 만남이 어려워도 헤쳐 나갈 방법은 있었다. 휴대폰 사용자라면 누구나 영상통화를 할 수도 있지만 단순하여 그동안 별로 사용하지 않았나. 그러니 줌을 통해서 모든 가족이 동시에 한 화면을 보면서 양방향 대화를 할 수 있고 지난 시절 가족사진이나 자료 등을 화면에 띄워 놓고 같이 보며 대화를 할 수 있어 아주 좋았다.

코로나가 시작할 무렵 학교에서 선생님이 줌을 통해서 비대면 원격수업을 진행한다고 했을 때 내용을 잘 이해하지 못했다. 직장에 있는 아들, 며느리들이 재택근무하면서 그리고 학교 다니는 손자손녀들이 집에서 학교공부를 줌으로 한다고 하였지만 내가 직접 수행하지 않았기 때문이었다. 그러나 지난여름에 줌 강의를 대면으로 수강하면서 실습하고 익히니 줌 앱에 대한 여러 가지 사용 방법을 자세하게 알게 되었다. 코로나 이전에는 전혀 생각하지 못한 뉴노멀 시대에 살아가기 위한 방법을 터득하게 된 것이다. '궁즉통' 즉 궁하니 통하는 방법을 알게 되었다. 수십 명의 수강생들이 각자의 휴대폰, 탭이나 패드, 노트북 그리고 PC 등에 줌 앱을 무료로 다운받아 회의에 입장하면 칠판 글씨를 쓰듯이 자료를 화면에 띄워 놓고 쓰면서 질문하고 답하는 것이 교실에서 대면 수업과 비슷했다. 선생님과 학생들은 서로 얼굴을 보면서 말이나 메모로 질문하거나 답했다. 전체 수강생 70여 명을 동시에 보면서 강의해도 전혀 무리가 없었다. 수강생들은 장소에 상관없이 휴대폰 등만 있으면 어느 곳에든지 참가가 가능했다. 등산, 낚시, 자동차 안에서 또는 부엌에서도 다양하게 참가했다.

 답답한 절망의 역경을 헤쳐 나온 일화는 인류 역사에서 수없이 많다. 그중에서도 시각장애인에게 세상과 통하게 만들어 준 점자의 발명은 인간의 무한한 잠재력을 일깨워 주기도 한다. 점자를 처음 생각해낸 사람은 프랑스 육군 장교 바르비에였다. 그는 야간전투에서 메시지를 전달하기 위해 손으로 만져서 읽을 수 있는 점으로 된 문자를 생각하여 세로 6줄 가로 2줄씩 총 12점으로 군대용 야간 문자를 만들었다. 하지만 손끝으로 한꺼번에 문자를 읽기에는 불편한 점이 많아서 시각장애인이었던 루이 브라유(Louis Braille)가 1834년 지금의 점자를 완성했다. 세로 3줄

가로 2줄씩 총 6점의 점자를 개발해 오늘날의 점자가 되었고 점자 이름도 브레일(Braille)이라고 부른다. 이 6점 점자가 영국과 미국, 일본을 거쳐 우리나라에도 전해져 1926년 훈맹정음이라는 한글점자도 완성하게 되었다.

70~80년대 젊은 시절 대기업에서 해외 업무를 담당했을 때 직원들은 기본적으로 영어를 잘했다. 우연한 기회에 일본 회사와 업무상 접촉을 해야 했다. 해외 업무는 영어로 소통해야 하는데 그들은 영어 소통이 잘 안 되었기에 참으로 답답하였다. 여러 가지 생각 끝에 내 자신이 일어를 익혀서 그들의 언어로 소통하였더니 의외로 회사업무가 잘 풀렸다. 궁하니 통했다. 그들과는 국제전화나 회사 내에서 회의 등도 일어로 했더니 그들은 대환영이었다. 지금은 오랫동안 사용하지 않으므로 많이 잊혔지만 일어는 어순이 우리말과 비슷하므로 쉽게 접근할 수 있었던 것 같다.

영국의 다윈은 그의 저서 『종의 기원』에서 '생존을 위한 경쟁에 의해 변이는 아무리 경미한 것이라도, 필요에 의해서 필요한 방향으로 작용할 것이다'라고 했다. 그 이론을 모두 동의하지 않지만 생물뿐만 아니라 이 세상의 삼라만상도 어떤 형태로든 진화를 계속하고 있는 것 같다. 특히 살면서 예기치 못한 역경을 만나거나 간절한 필요가 생길 경우 그것을 해결하는 쪽으로 전개된다고 할 수 있다. 미국의 천재 발명가 토마스 에디슨도 필요를 충족하기 위한 부단한 노력으로 백열전등, 축음기, 영사기 등 수많은 제품을 발명했다.

코로나 감염 차단을 위한 사회적 거리두기 정부 수칙도 언젠가는 모두 해제되고 코로나 질병도 사라질 것으로 기대한다. 그러나 코로나가 종식되어도 뉴노멀 시대의 모든 삶의 생활양식들은 각기 취사 선택을 거듭하며 포스트 코로나 시대에 맞춰가면서 정착할 것이고 이러한 일련의 과정에서도 어느 때나 필요를 충족하는 방향으로 진화가 거듭될 것이라고 믿는다.

(2020. 10. 15)

# 자기 알기

 사람들이 자신의 위치를 모르는 경우가 많다. 「내 나이가 어때서」는 트로트 가수 오승근이 2015년도 발표한 트로트계의 명곡으로 남녀노소가 좋아하는 애창곡이다. 연로한 시니어들에게 더 많이 사랑을 받고 있는 것 같다. 노래 가사 중 '~ 어느 날 우연히 거울 속에 비춰진/ 내 모습을 바라보면서 세월아 비켜라/ 내 나이가 어때서~'라는 구절에서 자신의 위치를 잊고 살다가 우연히 거울을 보고 그때서야 비로소 자신의 위치를 확인하며 세월이 빠르다는 것을 비유적으로 나타낸다.
 아침저녁으로 세수할 때뿐만 아니라 수시로 거울을 보면서 살고 있는 탓인지 얼굴의 변화를 그다지 못 느낄 때가 많다. 또한 자주 만나는 친구나 지인들과 서로 얼굴을 보며 모임 등을 가질 때도 우리의 겉모습이 변해가는 것을 잘 느끼지 못한다. 그러나 수십 년 지난 후 오랜만에 만나는 지인을 보면 금세 내 얼굴도 그와 같이 나이 들어 보일 것이라고 생각하기 마련이다. 이런 순간에 나는 되도록 상대편에게 좋은 덕담을 건네려고 한다. 반갑다는 인사와 함께 젊은 그 시절과 같이 변함없이 건강해 보인다고 칭찬을 아끼지 않는다. 대부분의 지인들은 칭찬을 덕담으로 이해하지만 어떤 순진한 지인은 자기 자신에게 말한 덕담을 곧이곧대로 믿고 상대에게는 덕담 대신 나이가 많아 보인다고 이실직고를 한다. 이와 같이 너무 순진(?)해서 자신의 위치를 제대로 읽지 못하는 지인도 얼마 지나면 스스로 자기의 위치를 깨닫게 된다. 이처럼 일정 시간이 흐른 다음에 자기 위치를 인지하기도 하지만 짧은 기간에 성공의 순간을 갈망하는 다급한 마음에서 자신의 위치를 착각하는 사례도 있다.

대만 매체에 따르면 지난 10월 중순 대만 타이난에서는 한국과 대만 스포츠 팬들에게 '데자뷔(deja vu)'로 느껴질 만한 장면이 연출됐다. 대만 전국체전 롤러스케이트 남자 1,000m 경기가 펼쳐졌는데 앞서 달리던 선수가 세리머니를 펼치다 역전당했다. 그는 결승선 통과 직전 두 주먹을 불끈 쥐며 승리의 기쁨을 만끽했다. 하지만 뒤따르던 선수가 끝까지 포기하지 않고 왼발을 쭉 내밀어 역전을 일궈냈다. 1위와 2위의 격차는 불과 0.03초에 불과했다. 그런데 더 놀라운 것은 역전패당한 선수가 올해 2022 항저우 아시안 게임에서 대만 국가대표팀이 펼친 대역전극의 주인공 황위린이었다. 황위린은 지난 10월 2일 열린 항저우 아시

안게임 3,000m 계주 경기에서 전 종목을 통틀어 대회의 '하이라이트' 장면 10선에 꼽힐 만한 장면을 만들었다. 마지막 바퀴를 돌 때만 해도 한국의 승리가 확실해 보였다. 한국의 마지막 주자 정철원이 승리를 예감하며 두 팔을 번쩍 들어 올리며 세리머니를 펼치는 순간 뒤따르던 황위린은 끝까지 전력 질주를 계속하여 마지막 결승선에 왼발을 쭉 밀어 넣었다. 결과는 대만의 0.01초 간발의 차 승리였다. 짜릿한 역전승을 만들어 낸 대만 선수들은 환호성을 내질렀고 한국 선수들은 황당한 패배에 고개를 떨궜다. 정철원 본인과 그와 함께 계주 레이스를 펼친 팀원들은 그날 1등 했다면 금메달의 주인공들이 되었고 정철원 자신과 동료 1명은 추가로 병역 특례 혜택까지 받을 수 있었기에 더욱 아쉬운 패배였다. 0.01초 사이에 정철원 자신뿐만 아니라 팀원들의 위치까지 바뀌었으니 얼마나 미안했을까?

비단 스포츠 경기뿐만 아니라 일상생활을 하다 보면 사소한 일에서도 자기 자신을 망각하여 한눈파는 사이 남에게 뒤처지는 사례를 수없이 봤다. 학창 시절에 자주 들었던 소크라테스의 명언 '너 자신을 알라(Know thyself)'는 가장 쉽게 이해되는 말 같지만 실제로 실천하기는 어려운 것 같다. 평소 건강을 자신하던 70~80대 어르신들이 가을 산행을 하다가 가끔 실족하고 119에 구조 요청하여 헬리콥터가 출동하거나 자동차 운전 미숙으로 큰 교통사고가 발생한 안타까운 사연들을 접할 때마다 나 자신의 위치를 점검해 보고 수정하려 하지만 고쳐지지 않는다. 끝없이 업데이트해야 하는 것을 알면서도 복잡한 통신기기를 더 알려고 호기심을 부리고, 건강하지도 못하면서 주책없이 나이와 앞뒤를 못 가리며 글쓰기를 계속하려는 내 심보를 이해할 수가 없다.

 십여 년 전 수필 수강을 신청하려고 친구들에게 귀띔하니 '네 나이가 몇 살인데?' 하기에 나는 대뜸 '내 나이가 어때서'라고 맞받았다. 그리고 '야~ 야~ 야~ 내 나이가 어때서~'를 선창했다. '내 나이가 어때서 글쓰기 딱 좋은 나인데'로 바꿔 불렀더니 친구들도 손뼉 치며 따라 부르면서 크게 웃은 적이 있다. 학창 시절의 문학에 대한 푸른 꿈을 정년 후부터 본격적으로 시작했으나 창작은 매우 힘든 여정이었다. 쓰려고 애를 쓰면 쓸수록 머릿속에서 모래 서걱거리는 소리만 들리는 나날들이 계속되었고, 썩어 냄새나고 병이 될지언정 고집스럽게 나오지 않는 시상(詩想)들, 그러다가 전혀 뜻밖에 폭포수처럼 쏟아지며 내 가슴을 스쳐가는 수많은 시상들을 번개처럼 낚아채서 학창 시절의 푸른 꿈을 담아 날개를 달아주는 창작이 결코 쉽지 않았다.

 나침반은 위치를 바꿔놔도 바늘이 잠시 흔들리다가 종국에는 한쪽 바늘 끝은 북쪽 다른 한쪽 바늘은 남쪽을 가리킨다. 순진하게 덕담 대신 상대가 늙게 보인다고 이실직고했던 지인은 얼마간의 시간이 지난 후에 나침반 바늘처럼 자기의 위치를 확인하고 겸연쩍은지 멋쩍은 웃음을 보였다. 요즘 글을 쓰면서 10여 년 전 친구들의 귀띔이 맞는 것도 같고 아닌 것도 같아서 헷갈린다.

독일 철학자 니체는 '인간은 자기 자신에게서 가장 먼 존재다'라고 말했다. 계속 글을 써야 하는지에 대하여 오늘도 내 자신의 나침반 바늘 끝은 움직임이 멈추지를 않고 있다. '내가 내게서 가장 먼 존재'라는 사실을 실감하고 있다.

(2023. 10. 26)

# 눈으로 말하다

나는 소를 좋아한다. 어린 시절을 농촌에서 소를 키우며 지냈기에 소에 대한 추억이 많다.

소의 커다란 눈은 무언가 말하고 있는 듯한데/ 나에겐 알아들을 수 있는 귀가 없다./ 소가 가진 말은 다 눈에 들어 있는 것 같다.// 말은 눈물처럼 떨어질 듯 그렁그렁 달려 있는데/ 몸 밖으로 나오는 길은 어디에도 없다./ 마음이 한 움큼씩 뽑혀 나오도록 울어보지만/ 말은 눈 속에서 꿈쩍도 하지 않는다.//(하략)

내가 좋아하는 김기택 시 「소」의 1연과 2연이다.
요즘 올림픽 공원 주변 길가에도 이중섭 화가의 「황소」 그림 광고 깃발이 전봇대마다 바람에 나부끼고 있다. 4월 6일부터 8월 27일까지 공원 내에 있는 '소마미술관'에서 '한국근현대미술전'이 열리고 있어 그 전시회 대표작인

황소를 선정하여 광고하고 있는 듯하다. 이번 미술전은 서울 올림픽 개최 35주년을 맞이해서 1920년대부터 1988년까지 한국 근현대 미술사의 주요 작가별 작품 특징과 변천사를 모아서 재조명한 것이다. 이번에 훌륭한 작품들이 많았지만 특히 내가 좋아하는 이중섭의 「황소」와 박수근의 「소」뿐만 아니라 천경자의 「초원 Ⅱ」와 나혜석의 「별장」 등 여러 유명화가의 명화를 한꺼번에 접할 수 있어서 문우들과 함께 다시 관람했다.

김기택 시인은 소의 눈을 아주 리얼하게 시로 잘 표현한 것 같다. 이중섭 「황소」에서도 가장 돋보이는 부분은 아마도 황소의 눈인 것 같다. 나도 어린 시절 여러 마리의 소와 눈을 맞추며 키웠기에 소의 눈에 대하여 잊히지 않은 추억들이 많다. 소를 보면 어쩐지 우직하면서도 포근한 생각이 들고 시중에서 흔히 볼 수 있는 소 사진이나 이중섭의 「황소」와 「소싸움」 그림은 무서운 생각보다는 믿음직스러움과 힘이 느껴지기도 한다. 어릴 적 농촌 우리 집에서 소는 늘 우리 가족과 함께 생활했다. 농촌에서 농사일을 하려면 웬만한 집은 보통 소를 키웠다. 우리 집도 초가삼간이었으나 집 모퉁이 외양간에서 소를 키웠다.

어린 송아지는 생후 8개월 정도 지나면 코에 코뚜레를 채워서 일소가 되도록 했는데 송아지 코를 뚫어 코뚜레를 억지로 채울 때는 안쓰러웠다. 코뚜레 후 1달 정도 지나면 소의 목에 멍에를 얹고 그곳에 멍에 끈을 동여 매달고 쟁기나 달구지를 끌게 한다. 쟁기질을 하도록 두세 달을 단련시키는 것은 매우 힘들었고 송아지에게도 미안한 생각이 들었다. 일정 기간 소를 키우다가 우시장에 팔려고 나가려고 하면 그때부터는 섭섭한 마음이 들면서 가는 날까지 조금이라도 더 먹여주고 싶었다. 소도 그것을 아는지 외양간에서 나와 눈을 맞추면 커다란 눈으로 무언가 말하려고 하는 것 같았는데 어찌할 수가 없는 듯 그저 눈만 끔벅거렸다.

어느 해 봄 아버지가 우시장에서 구매할 송아지 가격이 너무 비싸서 상대적으로 가격이 저렴한 늙은 암소를 샀다. 그 암소가 쟁기질을 어느 정도 할 것으로 예상했으나 힘이 없었다. 그렇다고 함부로 어찌할 수가 없었기에 여름 한철을 잘 먹이고 편하게 키워서 가을에 밑지고 되팔았다. 그 암소도 팔려나가기 며칠 전부터 나에게 작별 인사를 하려는 듯 눈만 끔벅거렸고 나는 그의 머리만 한사코 쓰다듬어 주었다. 자기 일평생에서 가장 행복했던 시절을 보내게 해준 우리 가족에게 눈을 끔벅이며 따뜻하고 우정 어린 눈빛으로 고맙다는 말을 하고자 했는지도 모른다.

해외 생활하면서 소를 신성시하는 국가에서는 소들을 자유롭게 살게 했으나 일평생 농사일이나 고된 일만 하게 하는 나라에서 소를 접하면 늘 미안한 마음과 연민을 느낄 때가 많았다. 언젠가 TV 화면에서 밀도살장으로 팔려고 가기 전에 소의 무게를 부풀리려고 억지로 물을 퍼 먹이는 것을 보며 애처로운 눈망울이 너무나 안쓰럽고 미안하여 창작시 「마구 먹이다」를 발표하고 시집에 싣기도 했다.

소의 아가리를 힘껏 벌리고/ 폭력이 물을 먹이고 있다/ 터질 듯 배가 부풀어 오른다/ 도저히 못 먹겠다는 듯 발버둥 쳐도/ 코뚜레 움켜잡은 손 멈추지 않는다/ 쏟아져 들어오는 운명을 어찌해볼 도리가 없다는 듯/ 밀도살장에 끌려온 가련하고 순한 눈이/ 몇 모금 남아 있을 숨을 헐떡이고 있다// 뜨거운 햇볕 속에서 땀 흘리고 일할 때/ 물 한 방울로 갈증을 적셔 준 적 있었던가/ 제 배를 채우기 위해/ 억지로 퍼 먹이는 저 **뻔뻔함!**/ 싫어도 받아들여야 하는 저 무력감!'(하략)

　사람의 몸이 열이면 눈은 그중 아홉이라는 말이 있다. 눈에 관한 표현은 몸의 한 부분을 넘어 곧 사람을 뜻할 때도 있는 것처럼 소의 눈도 소의 모든 것을 나타내는 것 같다. 일평생을 힘든 일을 하면서도 여유로우며 유유자적한 평화로운 모습을 보여주다가 종국에 이르기까지 모든 것을 바치고 떠나가는 소의 마지막 모습과 그의 눈을 보면 마음이 무겁고 숙연해진다.

(2023. 5. 18)

# 정겨움과 낭만을 맛보며

　살다 보면 정감이 가는 곳이 있다. 포근하게 감싸 안기듯 편안하고 조용한 느낌이 드는 곳, 듣기보다 마음이 더 가깝게 다가오는, 육지에서도 배를 타지 않고도 갈 수 있는 섬 대부도와 그 배후 도시 안산을 며칠 전에 다녀왔다. 십여 년 전부터 몇 차례 다녀온 적이 있지만 갈 때마다 편안함과 친근감을 느낀다. 대부도 배후 도시 이름이 편안하다는 의미를 지닌 안산(安山)이므로 대부도도 덩달아 아늑하게 느껴지는 것 같다. 또한 친구가 안산이 좋다고 은퇴 후 한양대 안산캠퍼스 앞에 원룸 건물을 짓고 여생을 편안하며 유유자적하게 살고 있을 뿐만 아니라 다문화 국제거리 등이 있어 마음이 끌리는 것도 같다.
　이번 여행은 이전 여행과 다르게 수필 창작을 수강하는 문우들과 함께하면서 수필문학추천작가회 '연간사화집' 출판기념회까지 곁들었기에 더 뜻깊은 여행이었다. 단체로 다 함께 움직이는 패키지여행은 대부분 여행 당일에 여행객들을 알게 되어 아무래도 친밀감이 덜할 수밖에 없다. 그러나 이번 여정은 문우들과 함께 서울 압구정역 출발지부터 버스 여행하는 동안 즐거운 레크리에이션 등을 하고 도착지에서도 격의 없이 전통차 등을 기울이며 문학과 휴식 등에 관한 환담을 이어갔다.

대부도는 서해에서 강화도 다음으로 큰 섬으로 지금은 육지와 별 차이가 없다. 삼십여 년 전에는 행정구역이 옹진군에 속했으나 시화 방조제라는 큰 둑이 생겨서 경기도 본토와 대부도 섬이 이어지고 안산시로 편입되었다고 한다. 그때부터 배 대신 자동차를 타고 대부도를 갈 수 있어 그곳 여행이 한결 편리하고 쉬워졌다. 서울에서 40분, 인천공항에서 30분 거리에 위치한 안산은 수도권 4호선 전철과 최근에 개통된 수인분당선과 서해선은 물론 신안산선 개통을 앞두고 있는 등 다른 지역보다 교통이 편리하다. 안산시는 반월공단 산업단지 등이 경제를 든든하게 받쳐주고 있어 경제적으로도 풍요로운 도시로서 우리나라 산업화 발전에도 지대한 영향을 주었다.

안산은 백성을 살리는 실학사상의 선구자 성호 이익, 서민의 삶을 생생히 그려낸 천재 화가 단원 김홍도, 농촌계몽 운동에 평생을 바친 최용신 등 자랑스러운 선조들의 고향이기도 하지만 이보다 더 방문객들의 관심을 끄는 것은 안산 국제거리축제다. 특히 동남아 등에서 온 다양한 이주 국민의 길거리 즉석요리는 유명하다. 몇 해 전에 방문할 때 맛있게 먹은 인도 이주민의 길거리 즉석요리는 잊히지 않는다. 젊은 시절 10여 년 동안 동남아와 인도 등에서 가족과 함께 생활한 적이 있기에 그들의 전통 음식을 생각하면 지금도 눈에 선하고 군침이 돈다. 특히 외모가 우리나라 전병이나 전과 같고 주로 밀가루 반죽 등으로 만든 그들의 전통 주식 난(Nan)은 가정과 거리 어느 곳에서도 쉽게 요리할 수 있다.

안산은 풍부한 해산물과 비옥한 땅을 지녀서 정조대왕이 '하늘 아래 가장 살기 좋은 땅'이라고 했다고 한다. 여기에 바다로 둘러싸인 대부도의 드넓게 펼쳐진 갯벌 등에는 조개 등의 풍부한 어족 자원이 많고 암석 채취했던 대부광산에는 7천만 년 전후의 흔적을 찾을 수 있는 퇴적암층과 작은 호수도 있다. 또한 백여 년의 전통을 자랑하는 동춘서커스가 십여 년 전부터 이곳에 상설되어서 관람객들에게 스릴 넘치는 볼거리를 제공한다. 여기에 대부도 탄도와 누에섬을 잇는 1.2km 바닷길은 하루에 두 차례씩 갯벌이 드러나 모세의 기적을 체험할 수 있다.

김홍도 축제, 성호문화제와 국제거리 축제 등에 걸맞게 그곳에서 작가들의 작품 출판기념회도 함께하였기에 문화적 의미를 더했다. 창작무 '꿈결에서 만난 인연'을 시작으로 바닷가 5층 찻집에서의 기념회는 수필 낭독과 케이크 자르기 등으로 이어졌다. 해넘이 무렵 바닷가 맞은편 인천 신항의 찬란한 불빛을 가로지르며 푸른 바다를 자유롭게 날갯짓하는 갈매기 떼의 군무와 창작 무희의 부채춤이 어우러져 우리를 낭만에 흠뻑 젖게 했다. 그러나 이토록 화기애애한 낭만의 여정에서도 한사코 뇌리를 맴도는 것은 엉뚱하게도 따로 있었다. 점심 후 관람했던 서커스다.

젊은 시절부터 국내외의 서커스를 여러 번 관람했지만 오늘도 그랬다. 어릿광대의 익살스러운 모습과 외줄 하나에 온 생을 걸고 손에 땀이 나도록 아슬아슬하게 줄타기하는 묘기는 나를 무아지경으로 끌고 갔다. 공연이 끝날 때마다 큰 박수를 보냈지만 어쩐지 허전한 마음이 엄습하기도 했다. 그 순간마다 「곡예사의 첫사랑」을 흥얼거렸다.

줄을 타며 행복했지 춤을 추면 신이났지/ 손풍금을 울리면서 사랑노래 불렀었지/ 공 굴리며 좋아했지 노래하면 즐거웠지/ 흰 분칠에 빨간 코로 사랑얘기 들려줬지// 영원히 사랑하자 맹세했었지/ 죽어도 변치 말자 언약했었지// 울어 봐도 소용없고 후회해도 소용없는/ 어릿광대의 시글픈 사랑//(하략)

1978년 MBC 서울국제가요제에서 금상을 수상한 박경애의 노래다. 그래 사람은 결국 사랑을 위해 사는 존재인가? 그런 것도 같다.

아이러니하게도 정겨움의 낭만 속에서도 센스 없이 파도처럼 밀려오는 애달픈 추억이 아련한 향수를 느끼게 한다.

(2023. 12. 4)

# 비유와 은유

　시란 무엇일까? 혹자는 '시는 사랑이다.'라고 말하기도 하며 '시와 사랑은 하나다.'라고도 말한다. 시에 대한 생각은 사람마다 다를 수 있다. 인간은 무엇인가 표현을 통해 서로의 감정과 경험을 공유한다. 언어적 또는 비언어적 표현을 사용하는데 비유* 또는 은유**적 표현을 통해 다른 사람들과 서로의 감정들을 보살피거나 부드럽게 하기도 한다. 대화의 분위기를 반전하기도 하고 타자와 미래지향적으로 관계를 개선하기도 한다. 이 비유와 은유적 표현이 시의 일부가 되기도 한다. 밝은 햇볕에서뿐만 아니라 삶의 어두운 그림자 속에서도 우리는 일상생활 속에서 시적인 표현을 자주 접한다.
　어느 강의실 입구에 붙여진 푸시킨의 시 「삶이 그대를 속이더라도」는 수백 번을 읽었으나 읽을 때마다 새로운 느낌을 준다. 몇 해 전에는 국립현충원의 묘비들의 시상이 한동안 나와 함께하기도 했다. 지난주에 한미 정상 간의 통화에서도 비유와 은유적인 표현들을 서로 사용했듯이 우리의 일상 속에서는 다양한 시적 표현들이 자주 인용된다.

지난주 11월 12일 오전 문재인 대통령과 바이든 미국 대통령 당선인과 첫 통화가 있었는데 주로 한미 동맹을 강조하는 내용이었다. 미국 행정부는 전통적으로 한미 동맹과 미일 동맹을 강조하는 의미의 용어를 사용해왔다. 바퀴를 고정하는 린치핀(Linchpin)이 빠지면 수레가 무너지고, 주춧돌(Cornerstone)이 흔들리면 구조물 전체가 붕괴된다는 뜻으로 동맹 관계를 강조하면서도 한미 동맹에는 코너스톤을 미일 동맹에는 린치핀으로 써 왔는데 오바마 정부 때 한미도 린치핀으로 불렀다. 그러다 트럼프 정부에선 린치핀 표현이 거의 사라지면서 전통적인 동맹 관계가 소원하는 듯했는데 이번에 바이든이 다시 린치핀으로 표현함으로써 동맹 복원이 원상으로 되돌아오는 것도 같다. 주최 측 관계지는 대화 중에 비유적인 리치핀과 주춧돌뿐만 아니라 생활 속에서 사용하는 은유적 시적 표현을 인용함으로써 더 우호적이고 편안하게 대화할 수 있었다고 한다.

문 대통령은 이날 통화에서 노벨문학 수상자인 아일랜드 시인 셰이머스 히니(Seamus Heaney)의 시(詩) 「트로이의 해법(The Cure at Troy)」에 나오는 구절을 인용해 "이제 당신은 희망이자 역사가 됐다"고 했다. 이 시는 아일랜드계 이민자 후손인 바이든 당선인이 가장 좋아하는 시로 그의 자서전에도 언급돼 있다. '일생에 단 한 번, 간절히 기다리던 정의의 파도가 솟구칠 수 있다면, 역사와 희망은 함께 노래하리.'란 구절로 유명하다. 바이든 당선인은 2008년 버락 오바마 전 대통령의 부통령 제의를 수락하면서 이 시구를 빌려 "젊은 오바마는 희망이고 연륜이 많은 나는 역사"라고 했다. 바이든 대통령 당선인은 지난주 미국 시간 11월 11일 미국 재향군인의 날 오전에 부인과 함께 펜실베이니아주 필라델피아에 위치한 한국전 참전 기념비를 찾아 참전용사들에게 경의를 표하고 오후에 문 대통령과 통화했다. 트럼프 대통령도 부인 그리고 부통령과 함께 이날 미국 워싱턴 DC 인근 버지니아주 알링턴 국립묘지(Arlington National Cemetery)를 찾아 참전군인을 추모했다.

  그들의 뉴스를 접하고 90년대 어느 봄날에 알링턴 국립묘지를 방문했을 때의 추억이 문득 떠올랐다. 워싱턴 DC 포토맥 강 주변에 위치한 곳으로 여러 가지 꽃들이 흐드러지게 피어나던 아주 맑은 날이었다. 국내 현충원을 방문할 때도 마찬가지였지만 나의 시선을 멈추게 하는 것은 줄을 맞춰 끝없이 이어지는 하얀 묘비들이었다. 그때 메모한 시상들을 모아서 영어시를 썼다. 그리고 2년 전 7월 미국 재향군인회의 문예지 『Military Experience & The Arts』의 창작시 공개 공모전에 출품했다. 미국 재향군인회는 워낙 규모도 크고 독자층도 많아서 응모하면서도 기대를 안 했는데 뜻밖에도 11월 6일 수석편집장으로부터 나의 시가

2018년 가을호에 채택되어 실리게 되었다는 축전을 받았다. 가을호는 재향군인회의 날(Veterans Day) 11월 11일 09시에 온라인으로 다른 작품들과 동시에 오픈하므로 세계 어느 곳에서나 읽을 수 있다고 했다. 그날 발표된 시는 지금도 'As You Were: The Military Review, Vol. 9'에 들어가면 누구나 읽을 수 있어 편리하다. 그때 발표된 영어시 「Outside the National Cemetery 국립묘지 밖」의 마지막 연이다.

In the night sky interspersed with stars/ the souls and petals are dreaming a dream together. 영혼들과 꽃잎들은 별이 빛나는/ 밤하늘에서 함께 꿈을 꾼다.//

우리는 일상생활하면서 알게 모르게 시적 표현을 많이 사용한다. 내 친구는 나태주의 「풀꽃」을 아주 좋아한다.

자세히 보아야 예쁘다/ 오래 보아야 사랑스럽다/ 너도 그렇다//

그는 짧으면서 너무나 살갑다고 말한다. 어떤 지인은 김소월의 「산유화」를 자주 암송한다.

산에는 꽃 피네/ 꽃이 피네/ 갈 봄 여름 없이/ 꽃이 피네//(하략)

나는 젊은 시절부터 김광섭의 「마음」의 시구를 좋아했다.

나의 마음은 고요한 물결/ 바람이 불어도 흔들리고/ 구름이 지나도 그림자 지는 곳//(하략)

시구가 일상의 삶에서 수시로 내 마음을 정화시키고 있다. 삶에 쫓겨서 앞만 보며 살면서도 좋아하는 시구(詩句)를 흥얼거리면 더 부드럽고 넉넉한 삶이 되지 않을까를 생각해 본다.

*비유(比喩 figure): 한 언어의 화자가 어떤 특별한 의미나 효과를 얻기 위해 일상적인 단어로부터 벗어나는 표현. 예, '길이 꿈처럼 있다.'
**은유(隱喩 metaphor): 어원상 meta(초월해서 over, beyond)와 phora(옮김 carrying)의 합성어로 '의미론적 전이'를 나타냄. 예, '내 마음은 호수요.'

(2020. 11. 19)

# 문학작품 번역의 다양성

소설가 한강이 2016년 5월 영국 맨부커인터내셔널 상을 받았다. 장편소설 『채식주의자』로 받았는데 그 작품을 영어 번역한 영국인 데버러 스미스도 공동으로 수상했다. 그런데 그 소설의 영어 번역에 관련하여 문학평론가들 사이에 논란이 많았다. 『채식주의자』의 영어 번역이 한글 원작을 훼손한 '작품 창작' 수준이라는 주장이 제기되기도 했다. 일부 단어가 번역할 때 생략되고 원본에는 없는 영어 문장이 나타나기도 했다는 것이다. 즉 작품의 의미가 작가의 원래 의도에서 변질됐다는 주장이다.

문학 외국 소설을 번역하되 원작의 줄거리나 사건은 그대로 두고 시대적 배경, 풍속, 인명, 지명 따위를 자기 나라 풍토에 맞게 바꾸어 쓴 소설을 번안 소설이라고 한다. 『장한몽』이 대표적인 번안 소설이다. 고려대 조재룡 교수는 1930년대 조선의 번안 소설의 주역이었던 번역가들과 『채식주의자』의 번역가 사이에서 모종의 평행선이 그려지는 모습이라고 평했다. 『채식주의자』 번역에서 문학평론가들이 많이 지적하는 부분은 우리나라 대화에서 주어가 많이 생략되는데 그 문장을 번역하면서 대화의 주어를 잘 못 해석했다는 것이다. 한국어를 번역하는 외국인들이 가장 어려워하는, 문장의 생략된 주어 찾기에서 스미스는 번번이 실수했다고 지적했다.

또한, 한국어를 배운 지 3년밖에 되지 않은 스미스가 한국어 실력 부족으로 인해 한글 원본에서 주어를 생략한 문장의 경우, 이를 잘 살리지 못하는 오류가 상당하다고 했다. 따라서 거의 작품 리라이팅 수준인데 스미스의 영어 문장 자체가 뛰어났기 때문에 상을 받은 것이므로 맨부커 수상은 한글 원본 『채식주의자』의 승리가 아니라 영어판 『Vegetarian』의 승리라고까지 했다. 그렇다면 문학작품 번역을 곧이곧대로만 해야 하는지 생각해 본다.

해외 업무를 수십여 년간 수행하면서 그리고 해외에서 십여 년간 체류하면서 현지어에 대해서 많은 경험을 했다. 가장 좋은 것은 정확한 언어 표현과 상대의 말을 완벽하게 소화하는 것이지만 현실은 그렇지 못한 경우가 허다했다. 그렇다고 소통에 문제가 있었던 적은 거의 없었다. 물론 서신 교환도 마찬가지였다. 문학에서도 완벽한 번역이 최상이겠지만 현실은 그렇지 못한 경우가 많다고 생각한다. 번역가 심석희 씨는 매끈한 번역을 위해 원본의 중요한 문장을 뺄 경우, 정도의 문제겠지만 그것이 심각하지 않는다면 작품의 원래 맛을 살리는 창작 수준의 번역을 지지한다고 했다. 그런데 무엇이 바람직한 번역인지, 번역 과정의 원작 왜곡을 어느 선까지 용인할 것인지에 대한 확립된 모범답안이 세계적으로도 없어 보인다는 점이 문제라고 했다.

미국에서 체류하면서 그곳 출판사에서 세 번의 영어 시집을 출간했다. 그리고 최근에는 그것을 영한 대역판으로 출간하려고 그곳 출판사에서 진행 중이다. 원고를 준비하면서 한국어의 다양성을 많이 고려했다. 번역은 내가 직접 수행해도 되지만 위에서 언급한 내용처럼 완벽한 번역은 있을 수 없고 하나의 영어 문장이나 단어도 다양하게 번역될 수 있으므로 다른 번역가를 통해서 번역원고를 작성했다. 영문학과를 졸업하고 여러 권의 영어 시집을 번역한 시인이 제삼자의 입장에서 번역하도록 하여 나의 영어 시를 객관화했다. 그 시인이 번역한 내용을 읽으면 내가 영시를 창작한 본뜻과 상이한 부분이 여러 곳에서 발견되었지만 내 영시 기본 뜻이 크게 훼손되지 않았으면 언어의 다양성을 감안하여 그대로 유지했다.

번역을 원본의 문장이 지향하는 본뜻에 상응하면서 시대와 장소에 따라 번역 내용을 계속하여 수정하고 있는 서적이 성경이라고 할 수 있다. 성경의 원문은 히브리어와 그리스어로 되어있는데 이 원문의 기본내용을 유지하면서 각 시대적 배경에 따라 지금까지 각 나라의 고유 언어에 맞춰서 조금씩 계속 변경되고 있다. 개신교와 천주교의 한글 성경도 원본의 뜻에 부합하면서 변화하고 있으며 영어 성경의 KJV나 NIV의 경우도 마찬가지다. 한글 성경과 영어 성경을 비교하면 번역에서 언어의 다양성을 쉽게 발견할 수 있다. 내가 영시를 직접 창작하게 된 배경도 언어의 다양성이 있기 때문이었다.

  미국 뉴욕에 체류 시 Hudson Valley Writers Center에서 영어창작시를 수강하면서 담당 교수님이 내가 한글 시를 영어로 번역하여 제출한 내용을 읽고 번역이 아닌 영시를 직접 창작해도 좋겠다고 조언했다. 내가 영어가 능통한 것도 아닌데 어떻게 창작하느냐고 반문하였는데 교수님은 그렇다면 한국말 잘하는 한국 친구들이 한글 시를 모두 창작하느냐고 되물었다. 영어가 능숙하지 못해도 영시를 잘 쓸 수 있다고 했다. 훗날 생각하니 데보라 스미스도 한국말이 능숙하지 않았지만 훌륭한 번역을 한 것처럼 교수님의 조언이 맞는 것 같았다. 그 후 나는 번역보다는 영시 창작을 더 많이 했다. 그리고 내가 창작한 영시를 미국 문예지의 창작시 공모에 계속 응모했다. 교수님 조언대로 나의 창작시가 인정이 되었는지 여덟 곳의 출판사에 열두 편의 창작시가 채택되어 게재되기도 했다. 해외 생활을 오래하면서 체험한 것들이 나도 모르게 영시에 투영된 결과라고 생각되기도 했지만 번역할 때보다는 창작할 때에 더 다양한 언어를 자유롭게 활용할 수 있었던 것이 한몫을 했던 것 같다.

  도운 풀턴 교수(브리티시 컬럼비아대학)는 '문학작품의 번역은 반드시 현지어가 살아있어야 한다.'며 '영어와 한국어는 문법과 어순이 다르기 때문에 단어 하나하나를 그대로 옮기고자 하는 직역은 결코 성공할 수 없다'고 했다.

문학 번역의 순수성이 인정되면서 원본의 뜻을 크게 훼손하지 않는다면 비록 일부가 변경되거나 삭제 또는 추가되더라도 언어의 다양성을 십분 활용하면서 번역을 해야 원문을 살리는 문학작품으로 거듭날 것으로 믿는다.

(2020. 10. 29)

## 마음먹은 만큼 행복하다

　　연말이 가까워져 오니 친구가 단톡방에 동영상을 올렸다. 빨간 모자에 빨간 넥타이 그리고 하얀색 와이셔츠와 검정 바지까지 멋진 유니폼을 입고 남녀 각기 세 명이 무대 위에서 하모니카 연주하는 모습이다. 강남 지방자치단체가 지원하여 운영하는 시니어 음악 동아리의 연말 경연대회에서 지난 학기에 배운 실력을 연주했는데 참으로 멋져 보였다. 공공기관 높은 지위에서 근무하다가 은퇴하고 취미로 동아리에서 배웠다는데 연주 솜씨가 젊은이 못지않게 대단했다. 학창 시절 유니폼을 입고 연말 위문공연을 다녔던 추억이 주마등처럼 스쳐간다.

　　내가 속한 실버대학도 며칠 전 가을학기를 종강했다. 봄 가을 학기로 구분되는데 재학생이 백여 명이고 여학생이 절반을 훨씬 넘는다. 종교 단체에서 운영하지만, 단체

소속이 아니어도 주민이면 누구나 등록하여 수강할 수 있다. 등록시 약간의 등록비를 납부해야 하는 등 평생교육원과 흡사하다. 몇 해 전에 주위로부터 등록하면 좋은 프로그램이 많다고 권고받았으나 생소하여 망설이다가 아내와 함께 등록해서 다니고 있다. 처음 생각보다 유용한 프로그램이 많아 서로 오래된 친구처럼 대화하면서 서먹서먹하거나 이질감 없이 교제하고 지낼 수 있어 다니는 재미가 쏠쏠하다.

요즘은 지방자치단체마다 평생교육원 과정과 같은 여러 가지 유용한 교육 과정이 있다. 실버대학도 비슷하며 수강 프로그램도 다양하다. 서예반, 탁구반, 노래반, 하모니카반, 탁구반, 스트레칭반, 숲체험반 등이다. 여러 가지 프로그램을 체험했다. 서예반에서 붓글씨 쓰기와 사군자(四君子)를 그렸다. 주로 붓을 이용하여 먹으로 짙고 옅음을 이용하여 사군자인 매화, 난초, 국화, 대나무를 그렸다. 돌로 만든 네모난 벼루에 묵향이 그윽한 먹을 갈고 탁지 위에 놓인 널따란 흰지에 붓 등으로 사군자 그림에 집중할 때는 무아지경에 빠져 시간 가는 줄을 몰랐다. 커다란 부채 위에 사군자를 그려서 지인들에게 선물하기도 했다. 탁구부에서 즐겁게 시합할 때는 땀에 흠뻑 젖으며 젊은 시절로 되돌아가는 기분이다. 지난 가을학기는 숲체험반이었다. 야산에서 숲에 대한 지식과 포도밭에서 포도재배 등을 배웠다. 며칠 전에는 텃밭에서 커다란 배추와 무 등을 뽑으며 김장을 도왔다.

몇 년 전부터 평생교육원에서 수필 창작 과정도 수강하고 있는데 며칠 있으면 가을학기가 종강된다. 문학에 관심이 많은 문우 수강생들이 대부분이다. 비학위 과정이지만 자격증 취득 과정도 있다. 요즘은 평생교육 시대인 것 같다. 실버대학과 평생교육원 등에서 동아리 활동을 하고 있지만 젊은 시절 직장생활을 하면서도 취미로 여러 가지 동아리 활동에 참여했다. 물론 글쓰기나 독서, 음악감상과 여행 등은 혼자서도 취미생활을 하고 있다.

테니스와 골프를 무척 좋아한 적이 있다. 테니스가 발 빠른 동작이 필수라면 골프는 보통 약 6km 거리의 18홀 코스를 4시간쯤 라운딩해야 하므로 정신력 집중이 매우 중요했다. 낚시 동아리는 일에 시달리거나 스트레스 쌓일 때 많은 도움이 됐다. 심야 시간 인적이 드문 산자락 저수지에서 혼자 고독을 즐기며 성찰의 시간은 또 다른 나를 발견하게 했고 해외 생활할 때 망망대해에서 바다낚시는 많은 즐거움이었다. 등산하면서 깔딱고개를 넘어 산정에 올라선 후 마시는 음료는 더없이 시원하다. 3박 4일 일정으로 동남아 최고봉인 말레이시아 사바주 키나발루산(4005m)에 올라 환호하며 야호 소리 지르던 순간은 지금도 잊히지 않는다.

사자성어 학무지경(學無止境)은 '배움엔 끝이 없다'라는 뜻이다. 일상에서 취미나 공통된 관심을 가진 사람들과 함께 배우며 문화예술이나 건강에 관련된 동아리 활동을 지속하는 것은 삶을 윤택하게 하고 뇌 건강이나 기억력에도 많은 도움을 준다고 한다. 정부에서도 사회교육법에 명시된 교육은 국민의 평생을 통한

다양한 사회 교육의 기회를 부여함으로써 민주시민으로서의 자질을 함양하여 지역사회 및 국가 발전에 기여함을 목적으로 하고 있다고 한다. 그런데 어쩌면 우리는 정부나 지자체의 지원으로 다양한 취미와 동아리 활동 등을 누리고 있지만 그것이 당연히 주어진 것처럼 일상에서 감사나 행복해할 줄을 모르고 살고 있는 것 같다.

'사람은 행복하기로 마음먹은 만큼 행복하다'고 한다. 하찮은 일도 감사할 줄을 알 때, 조그마한 일이라도 자원 봉사할 때 행복을 가져다준다고 한다. 고등학교 1학년 겨울방학 때 해남 산이면의 바닷가 어촌에서 어린이들을 위해 적십자사 봉사 활동했던 추억이 아련하다. 2주간 아주 작은 봉사였지만 오랫동안 행복하다.

세밑이 가까워져 오면서 지난 한 해를 되돌아보면 자꾸만 허전하고 아쉬운 마음뿐이다. 새해에는 취미나 동아리 활동 못지않게 보다 낮은 자세로 불우한 이웃이나 장애인 그리고 지역 난치병 환자 돕기 등의 봉사활동에도 더 열심히 참여해야겠다. 문화 예술이나 건강에 관련된 취미도 이기(利己)만이 아닌 이타(利他)를 위한 봉사활동으로 더 많이 헌신해야겠다.

(2023. 11. 30)

# 사랑의 온도는 몇 도나 될까?

연말이 되면 사랑의 온도계가 세워진다. 겨울 추위를 이겨내는 따뜻한 기부 운동의 상징인 구세군 자선냄비라고도 하는 '나눔 캠페인 사랑의 온도탑'이 서울 광화문 광장 등 전국의 주요 도시에 세워진다. 2011년 시작된 '아름다운 나눔'은 구세군과 금융권이 해온 대표적 사회 공헌 활동이다. 모금 기금은 명절 나눔과 낙후된 복지시설의 리모델링, 위기가정 물품 생계비 지원에 사용하여 경제적으로 어려움을 느끼는 모든 이웃의 필요를 채운다고 한다. 세상을 구한다는 의미를 지닌 구세군 자선냄비 모금 운동은 1891년 미국에서 처음 시작되었다. 당시 미국 샌프란시스코 근교 해안에 배가 좌초되면서 생긴 1천여 명의 난민과 도시 빈민을 위한 모금 활동이 펼쳐졌는데 이때 구세군 여사관이 쇠솥을 다리에 걸어놓고 '이 국솥을 끓게 합시다'는 문구로 기금을 모은 것이 시초라고 하며 우리나라에서는 1926년부터 시작되었다. 붉은 세 다리 냄비 걸이와 냄비 모양의 모금 통, 제복을 입은 구세군 사관의 손 종소리로 매년 연말이 가까워질 무렵에 실시되므로 성탄절의 분위기도 한층 더 느끼게 한다.

자선사업은 고대부터 현대에 이르기까지 동서양을 망라하여 시행하여 왔고 국내에서도 삼국시대부터 조선시대에 이르기까지 공적 구제제도가 시행되었고 근세에는 주로 종교 단체 특히 그리스도교 선교단체에 의한 자선사업이 비교적 활발하였다. 현재 우리나라 자선사업은 사회사업이라는 개념 속에 흡수되었으며 사회복지사업법이 제정되어 국가적 차원의 제도로 운영되고 있다. 모금 운동에 참여한 단체나 개인은 세제 혜택을 받을 수 있게 한다. 국내의 기부 나눔 단체는 사회복지 공동모금회나 대한적십자사 외에도 구세군 등 2023년도 현재 14개의 단체가 있는 것으로 알고 있다. 대한적십자사는 1905년 창립 이래 118년 동안 국내외 재난 구조, 사회적 약자 지원, 혈액 사업, 남북 교류 등 도움이 필요한 곳에 인도적 지원을 펼치고 있다.

'옆구리 찔러 절 받기'라는 말이 있는데 이는 비유적으로 상대편은 그럴 마음이 없는데 자신이 직접 요구하여 대접받는 경우를 말한다. 요즘 연말에 지난 한 해 동안 이자 장사에 따른 천문학적 이익과 파격 성과급으로 눈총을 받아온 은행들이 부랴부랴 사회 공헌 방안을 내놨으나 반응은 그다지 호의적이지 않은 것 같다. 다만 기부가 어떤 형태이든지 사회적 약자를 돕기 위해서 기부하거나 돕는 것 자체는 아름답고 권장되어야 할 것이다. '사랑의 열매'는 사회복지 공동모금회에서 국내 소외계층을 위한 공동모금 운동과 그 운동에 참여한 사람에게 제공되는 빨간 동그라미 3개 모양의 장식을 말한다. 연말이면 이거 달고 나오는 연예인이나 뉴스 앵커들 또는 정치인들도 많다.

아마도 웬만한 사람이면 동참했을 것으로 여겨지는 이 행사에 참여하면 어쩐지 나도 모르게 마음이 흐뭇해진다. 냄비 모금 행사장이 비교적 번화한 길거리나 백화점 등의 사람들이 많이 붐비는 곳에 설치되어 있다. 붉은 제복의 사관이 종소리를 내고 있어 여러 사람의 시선을 의식하여 수줍음이 많은 사람들은 선뜻 기부금을 냄비에 집어넣는 것이 부담스럽기도 하다. 나도 그러했지만 넣고 나면 마음이 따뜻해지곤 했다. '사람은 행복하기로 마음먹은 만큼 행복하다'고 한다.

'너는 구제할 때 오른손이 하는 것을 왼손이 모르게 하라(성경 마태복음 6:3)'는 성경 구절처럼 수십 년 동안에 걸쳐서 연말이나 연초의 추운 겨울에 어김없이 익명으로 쌀 등을 보내는 기부천사의 선행에 대한 아름다운 이야기는 소외계층뿐만 아니라 뉴스를 접한 많은 사람들의 마음을 따뜻하게 한다. 또한 연말에 웬만한 국민들은 자발적으로 적십자회비를 납부하고 있다. 적십자회비도 자율적으로 참여하는 국민 성금으로 관련 법률에 따라 성명 및 주소를 이용하고 있으며 참여 시 세액공제 혜택도 받을 수 있다. 기업체뿐만 아니라 대다수의 개인들도 각자의 환경에 따라 공적인 모금이나 종교 단체 등에 기부나 헌금을 한다. 나도 그렇다.

'선행을 하고도 말하면 그것은 죽은 선행이다'라는 아랍 속담이 있는가 하면 독일 속담에는 '선행의 보상은 선행 그 자체에 있다'라는 속담도 있다. 조그마한 기부나 봉사라도 자발적으로 할 때 행복을 가져다주는 것 같다. 종교 단체 등에서 불우이웃과 지적장애인을 위한 바자회 등의 봉사활동을 하면서 보람을 느끼며 영육 간에도 많은 보상을 받고 있는 것 같다.

연말 도심에 세워진 사랑의 온도계를 생각할 때마다 나의 '사랑의 온도는 몇 도나 될까?'를 되새겨본다. 우리 모두 사랑의 온도 저체온증에는 걸리지 말았으면 좋겠다.

(2024. 1. 8)

# 한복을 입으며

　명절에는 한복을 입는다. 단 한 벌밖에 없는 한복이지만 명절 때 잠깐씩만 입고 있어도 명절 분위가 더 예스럽게 느껴진다. 그렇다고 여벌이 더 필요하지는 않은 것 같다. 50여 년 전만 해도 동네 어르신들뿐만 아니라 중년층이나 어린이들도 명절에 한복을 입는 사람들이 어느 정도 있었으나 요즘 명절에는 한복 입은 사람들을 주변에서 찾아보기가 쉽지 않다. 간혹 한복 입은 사람을 보더라도 전통한복보다는 개량한복을 입는 사람들이 더 많다.

　정부가 10월 21일을 한복의 날로 1996년에 지정하여 올해가 26년째 되지만 달력에는 표기조차 안 되고 대중들도 무관심한 것 같다. 오히려 미국을 비롯한 서구에서 한국문화에 관심을 더 가지고 있는 듯하다. 미국 애리조나주는 뉴저지주에 이어 2번째로 올해 10월 21일을 한복의 날로 지정하여 주정부가 선포한다고 한다. 작년 1월 미국연방 하원의원 취임·개원식 때 한국계 여성 연방하원의원인 메릴린 스트릭랜드(58·한국명: 순자)가 취임식에 한복을 입고 참석해 선서했다. 붉은색 저고리에 푸른색 치마 차림의 한복을 입고 맨 앞줄에 앉아 있었기에 단연 눈에 띄었고 한복의 우아한 멋과 아름다움으로 세계의 시선을 사로잡았다.

전통한복은 우리 민족 대대로 전해오는 관습이 깃든 옷으로 치마, 저고리, 바지 두루마기 그리고 조끼와 마고자 등이 포함된다. 고구려 고분벽화나 조선후기 시대의 혜원 신윤복과 단원 김홍도의 풍속화 등에서도 한복을 확인할 할 수 있다. 다만 조끼와 마고자는 개화기 무렵 이후에 생긴 옷이지만 현재는 우리 전통한복으로 인식되고 있다고 한다. 조끼는 개화기에 남자 양복이 들어오면서 한복으로 도입되었을 때 한복에는 주머니가 없었기 때문에 주머니가 달린 조끼가 빠르게 보급되었다고 한다. 마고자는 저고리 위에 덧입는 옷으로 저고리와 비슷하나 깃과 동정이 없다.

전통한복은 옷감이 잘 늘어나지 않는 무명이나 명주옷으로 근세에는 일반적으로 명절이나 격식을 중요시하는 행사에서 입는 경우가 많다. 개량한복은 전통한복에 비하여 재질이나 무늬, 색상이 다양하고 일상생활에서 편리하게 활동할 수 있도록 개량하여서 입기도 편하고 세탁도 쉬운 편이다. 전통한복은 입고 벗기가 양복에 비하여 번거롭다. 그러므로 전통한복이더라도 남자 한복의 경우 바지 앞부분에 지퍼를 달아 편리하게 하고 바지를 입은 뒤에 발목을 졸라매는 끈(대님) 대신 똑딱단추로 교체하여 입는 것이 보편화되었다. 다만 대님은 원형대로 유지하고 있으므로 단추가 외형상으로는 나타나지 않는다.

전통한복 저고리 입는 것도 녹록하지 않다. 한복을 입을 때 속고름을 매고 겉에 있는 옷고름을 맬 때마다 매는 방법이 서툴러서 아내의 도움을 받는다. 다행인 것은 설령 내가 옷고름을 매끄럽게 매지 못해도 저고리 위에 조끼를 걸쳐 입으므로 서투르게 매어진 옷고름이 외부에 보이지 않는다. 더욱이 조끼 위에 또다시 마고자까지 입게 되면 옷고름 매는 것에 주의를 덜해도 괜찮다. 추석 등 고유명절 때 한복을 입고 전통문화를 계속 이어가려면 다소 불편도 감내해야 하고 보관할 때도 세심한 주의가 필요하다. 지난 추석 명절 후에도 세탁소에 맡겨 받은 후 햇볕과 바람을 쐬고 한복 함에 넣으면서 나프탈렌과 제습제도 함께 넣고 보관했다. 그래서인지 지금도 새 옷처럼 우아함이 그대로 잘 보존되고 있는 것 같다.

한복은 22년 전 장남 혼사 때 예물로 받은 명주옷으로 바지저고리는 미색 계통이고 조끼와 마고자는 팥색이지만 두루마기는 짙은 검정에 가까운 감색 계통이다. 명절에 옷고름을 처음 맬 때는 조금 헷갈렸으나 금방 따라 할 수가 있었는데 명절 때만 매다 보니 잊히곤 하여 매번 서투르다. 양복 넥타이를 처음 맬 때도 약간 헷갈리었으나 직장에서 날마다 매다 보니 지금은 눈 감고도 가능하다. 다만 현재도 넥타이를 보편적인 플레인 노트로 매는 방법은 쉽지만 윈저노트나 딤플(보조개) 모양으로 매는 것은 다소 느리다.

　넥타이처럼 한복 옷고름도 사람 맨 앞 중앙에 위치하므로 도드라지게 보이기 때문에 아름답게 잘 맨 옷고름은 한복의 우아함을 더해 주는 것 같다. 마치 넥타이가 오케스트라 맨 앞줄의 제1바이올린 연주자처럼 옷고름도 한복의 맨 앞에 있어 한눈에 단적으로 돋보이게 하는 것 같다. 넥타이가 남자의 모든 것을 말해주듯 옷고름이 한복의 모든 것을 말한다고 말할 수는 없지만 옷고름을 매끄럽게 매는 것도 한복의 아름다운 세련미를 한층 더 높여 주는 것 같다.

　BTS와 기생충, 미나리, 오징어 게임 등이 전 세계에 K컬처 바람을 일으키고 있는 가운데 한류 문화의 확산을 표방하는 '2022 한국문화축제'가 10월 1일부터 8일까지 광화문광장과 잠실종합운동장에서 열리고 있다. 케이팝·케이드라마가 중심이 돼 온 한류를 한국문화 전반으로 확산하기 위해 마련한 축제라고 한다. 드라마와 음악은 물론 한식, 미용 등 한류 연관 산업도 만날 수 있다고 하는데 한복의 우아한 멋도 세계에 알리는 기회가 되면 좋겠다.

　또한, 미국 한국계 여성 연방 하원의원이 취임·개원식 때 한복을 입고 그 우아하고 아름다운 멋을 전 세계에 알리며 이목을 집중시켰듯이 대중에게 친숙한 연예인이나 케이팝스타, 가수, 방송인들이 한복을 자주 입고 공연하고 즐길 수 있으면 한복에 대한 관심도도 더 높아질 것 같다. 비록 전통한복을 입고 일상 생활하는 데 다소 불편한 점이 있더라도 이를 계속 보완하고 개선하면 한류문화의 확산과 더불어 대중과 세계인들의 더 많은 관심과 사랑을 받지 않을까 생각해 본다.

(2022. 10. 6)

# 이것이냐 저것이냐

일상생활에서 선택의 갈림길에 설 때가 자주 있다. 덴마크 철학자 키르케고르는 그의 저서 『이것이냐 저것이냐』에서 모순된 두 개의 대립 항 중, 하나를 폐기하고 다른 하나를 선택하는 변증법 '이것이냐 저것이냐'를 주창했다고 한다.

우리는 아침부터 저녁까지 아니 평생 동안을 매 순간 지속적으로 '이것과 저것' 중에서 하나를 선택하며 살고 있다. 외출할 때 어느 옷을 입으며 넥타이는 어떤 색깔로 맬 것인지부터 날씨 정보를 듣고도 '우산을 챙겨야 해, 말아야 해'를 생각하고 설령 그 선택이 무엇이든 간에 하나를 택해야 다음 행동으로 이어진다. 순간의 선택이 대부분 아무것도 아니라고 생각되는 것도 있지만 전쟁터나 산업 현장에서는 생사를 가르기도 하고 일상의 삶에서 부귀영화를 좌우하는 경우도 있다.

 지난달 31일 외신에 의하면 프랑스에서 희귀마스크를 단돈 20만 원에 팔았는데 나중에 경매에서 60억 원에 낙찰되었다는 신문기사를 보다가 80대 노부부는 의자에서 넘어질 뻔했다고 한다. 보도에 의하면 니글(Nigl) 마스크로 불리는 이 유물은 19세기 아프리카 가봉의 팡족이 만든 것으로 스타일이 매우 독특해 파블로 피카소 등 유명 화가에게 영감을 줬으며 세계에서 단 12개밖에 없는 것으로 알려졌다. 노부부는 프랑스 아레스 남부 한 마을에 위치한 할아버지 별장을 정리하다가 그 가면을 발견하고 고가의 귀중품이란 것을 인지하지 못하여 다른 중고품과 함께 상인에게 헐값에 넘겼다. 노부부는 '중고품 상인에게 완전히 속았다'라면서 '극히 희귀한 물건이라는 사실을 알았다면 결코 헐값에 마스크를 판매하지 않았을 것'이라고 변호사를 통해서 주장했다. 결과적으로 보면 그 노부부는 사물을 보고 분별하는 식견 즉 안목이 부족했던 것 같다. 나도 살면서 사물을 구별하는 안목이 부족함을 자주 느낀다.

 지난달 바자회에서 1주일간 봉사활동을 했다. 기증받은 여러 가지 중고품을 안목 부족으로 제대로 분류하는 것이 쉽지 않았다. 내가 속해있는 종교단체는 매년 지역 난치병 환자 돕기를 위해서 '사랑의 바자회'를 갖는다. 올해도 소속원들과 사회 일반인들에게 중고품 등을 기증받아서 판매하여 환자들을 돕고 있다. 옷가지나 신발류, 그릇, 가전제품 그리고 가구류, 의자나 가면 같은 조각품이나 그림, 서예작품, 책과 음반, 테이프, 학용품 등 기증접수 항목은 제한이 없다. 다만 옷가지류는 세탁 후에 기증하도록 권고한다. 나도 작년에는 노트북을 기증했으나 올해는 신발류와 대형냄비류를 기증했고 다른 사람이 기증한 영어소설 등을 구매했다. 봉사활동은 기증품 접수부에서 시작해서 판매부서까지 두루 거쳤는데 나의 물품 구별하는 능력이 생각보다 많이 부족함을 느꼈다.

기증자 이름과 기증품이 사용한 것인지 아닌지 등의 기초 조사를 한 후 산더미처럼 많은 기증품을 창고에 옮기고 분류 작업을 한다. 압도적으로 많은 옷가지류는 큰 창고에 신발류와 그릇 가전제품 가구류와 명품 등은 작은 창고에 옮겨서 분류한다. 우선 특품, 상, 중, 하 그리고 폐기나 또 다른 단체에 다시 기증용으로 보관한다. 옷가지 종류가 그토록 많다는 것을 새삼 느꼈다. 유아부터 초중고학생, 청년, 중년, 노인 그리고 남녀와 사계절 옷에서부터 옷감의 재질 종류와 긱 재질의 함유량과 색깔 구별은 기본이다. 여기에 제조국과 유행 정도 그리고 브랜드 이름 등을 정확히 분류하는 것은 많은 식견이 필요했다. 분류한 제품은 판매가격을 정하고 가격표를 붙인다. 1,000원부터 시작하여 500,000원까지 등급을 매기고 가격표 표찰을 붙이며 가격표별로 판매자를 정한다. 판매단계에서 나는 오천 원짜리 옷가지 판매소속이 되었다. 다만 판매장에서는 젊은 구매자들을 배려해서 연로한 봉사자들은 뒷전에서 도왔다.

옷가지류 외의 신발류, 가전, 책이나 음반, 그림, 서예품 또는 조각품 등도 분야별로 식견이 있는 봉사자들이 분류하여 '사랑의 바자회' 날 판매한다. 또한, 식당에서는 봉사자들이 즉석에서 부추전이나 빈대떡 또는 전병 따위의 부침개를 요리하여 티켓으로 판매한다. 오후는 판매하고 남은 물품을 선별하여 간이 경매장을 개설하고 경매를 실시한다. 입담 좋은 자원봉사 경매사(?)들이 넓은 마당에서 진행한다. 경매 호가를 부르기 시작하면 경매 물건에 대하여 많은 시선이 집중된다. 경매 호가가 만원부터 오십만 원까지를 오르기도 하며 반대로 오십에서 낮은 가격순으로 내려가면서 낙찰자를 정하지만 어느 가격대의 한계가 벗어나거나 응찰자가 없으면 유찰로 선언한다.

경매사가 경매가를 호가하면 재빨리 '이것이냐 저것이냐' 판단과 함께 손을 번쩍 들어야 한다. 시중에서 경매할 때는 손가락이나 문자로 의사를 전달하는 것이 보통이고 농수축산, 부동산과 예술품 등에는 경매제도와 경매사 자격증이 있다. 사전에서 경매는 같은 종류의 물건을 파는 사람이 여럿일 때 가장 싸게 팔겠다는 사람에게서 물건을 사들이는 경매(競買)가 있고 그 반대로 물건을 사려는 사람이 여럿일 때 값을 가장 높이 부르는 사람에게 파는 경매(競賣)가 있다. 아무튼 경매에서 물건을 사거나 팔 때도 그에 합당한 높은 안목이 필수다. '베스트 오퍼'는 경매에서 최고 제시액을 뜻하는 용어지만 10여 년 전에 개봉된 이탈리아 영화 제목「베스트 오퍼(THE BEST OFFER)」이기도 하다. 영화는 미술품에 쓰이는 이 용어를 우리의 인생으로 끌고 들어왔다. '베스트 오퍼할 때 중요한 건 그 대상이 진짜라는 확신이다. 미술품이라면 진품이어야 할 것이고, 기회라면 나에게 득이 되어야 하고, 사랑이라면 진실한 마음이어야 한다'라고 했다.

물건을 '사고파는 것' 이외도 우리는 대인관계 등 매 순간 '이것(사람)이냐 저것(사람)이냐'를 정할 때 마음속으로부터 좁은 의미의 경매가 계속된다. 어쩌면 각자가 마음의 경매를 통해서 인생의 반려자뿐만 아니라 대부분의 대인관계도 이루어졌거나 이루어질 것으로 생각된다. 그때마다 사물을 꿰들어 보고 '베스트 오퍼' 할 수 있는 안목과 식견인 탁월한 혜안(慧眼)을 가진다면 금상첨화가 될 것이다. 꽤 오래 산 것 같은데 아직도 그런 혜안을 가졌는지 자신이 없다.

(2023. 11. 13)

|이한재의 수필세계|

# 드러내지 않는
# 자신감과 순리를 바탕으로 한 수필

오경자
(국제PEN한국본부 부이사장, 문학평론가)

　수필은 자신의 신변에서 일어난 일에서 글감을 찾아 깊은 사유를 거친 독백을 담아낸 글이라고 할 수 있다. 마치 모래를 건져 그 안에서 금가루를 찾아내는 사금 채취와 흡사한 작업의 산물이 한 편의 수필인 것이다. 그 사유를 거치는 동안 자신만의 관조를 통해 주제를 형상화 시킨다. 그 주제라는 결정체가 독자의 심금을 울려주느냐 아니냐가 성공한 수필과 보통의 수필로 갈라놓는 가름대가 된다 할 수 있다.
　자신의 체험 속에서 아주 희귀하고 소중한 글감을 선택해서 야심 차게 한 편의 수필을 빚어내도 그 속에 알맹이가 없으면 헛수고가 되는 것이다. 이 알맹이가 주제인데 예화나 사건 속에 뚜렷한 주제가 들어 있는 글도 있고 글 전체에 면면히 주제가 흐르는 글도 있다. 이한재의 수필은 후자에 속하는 글이 많다. 평생을 우리나라 수출 현장을 지켰다 함이 맞을 이 작가는 오랜 세월을 외국의 무역 현장을 누볐다.

그 힘든 경쟁을 이겨내느라 자신의 학창 시절의 꿈인 글쓰기를 참았다고 술회하고 있다. 하지만 그는 영시를 쓰고 자신의 수필도 영어로 쓸 수 있는 실력가이다. 영시집도 출간하였다. 그의 수필은 회상을 통해 그리움이면 그리움 성취면 성취를 주제로 할 때도 잔잔히 흐르는 글 전편에 주제가 숨어 흐르다가 독자의 가슴에 흥건히 젖는 것으로 형상화된다.

특별한 예화가 아닌 화초를 가꾸는 이야기를 이어나가는 중에 행복이라는 주제를 자신의 관조를 통해 선명히 각인시키고 있다. 아주 자연스럽게.

거실에는 겨울 내내 실내 천연 가습과 공기 정화 또는 미세먼지까지 제거한다는 아레카야자, 스파티필름, 구즈마니아 등 수십 종류의 사시절 푸른 잎 화분들이 있다. 또한, 스프링파루와 동양란 화분에서 흰색과 핑크색의 꽃망울을 터트리며 겨울 동안 계속해서 화사하고 아름다운 꽃을 피운다. 그러나 그것들보다는 아무 쓸데없어 무의미해 보이고 윗부분이 거무데데하고 볼품없는 흙 화분들을 정성껏 가꾸는 것은 작은 꿈이 있기 때문이다. '사람은 행복하기로 마음먹은 만큼 행복하다.'라고 한다. 아무리 사소하고 하찮은 것도 감사할 줄 알 때 행복이 찾아온다고 한다. 행복은 마음에서 나오며 누가 가져다줄 수 있는 것이 아니고 물질로 되는 것도 아니며 오직 내가 행복하다고 느끼는 순간에만 행복해진다고 한다.　　-「작은 꿈」중에서 수필에서 시를 인용하는 것은 자칫하면 자신의 주제를 선명하게 하는 데 방해가 되기도 하는데 이한재는 자신의 자작시를 인용하거나 결말 부분에 넣음으로써 주제를 선명하게 형상화하는 도구로 활용하고 있다. 서정이나 자연에 대한 외경 같은 것을 무겁지 않게 잘 전달하는 구성이라 할 수 있다.

요즘은 공원 산책로 등에서 벚꽃 꽃잎들이 바람에 흩날려 허공을 가로지르거나 길거리에 휩쓸려 가는 모습을 보면 한겨울 찬바람에 불리어 휘몰아쳐 흩날리는 눈보라와 흡사했다. 바람에 흩날리어 길거리에 흩어지는 벚꽃 잎들은 며칠 전만 해도 많은 사람에게 기쁨과 환희를 안겨주었지만 지금은 화려한 모습은 간데없고 한낱 미풍에도 굴러다니며 빗자루에 쓸려간다. 어린 시절에 호박꽃과 박꽃을 좋아했다. 호박꽃은 수꽃과 암꽃이 있는데 황갈색의 넓은 꽃잎은 우리의 마음을 푸짐하고 넉넉하게 해주었고 부드럽고 수줍어하는 것 같은 하얀 박꽃은 고독과 청순미를 더해 주었다. 그 시절의 호박꽃이나 박꽃 또는 요즘 바람에 휩쓸려 가는 벚꽃뿐만 아니라 모든 꽃잎도 그들 나름대로의 일세를 풍미하고 세상에서 잊혀 갔을 것이다.

**꽃잎**

해거름 퇴근길
동네 모퉁이 길을 마악 돌아서려는데
누군가 부르는 것 같아 뒤돌아보니
목련 꽃잎들이 길가에 널브러져 있다
발걸음을 잠시 멈추고

시들어가는 꽃잎 하나를 집어 들었다
시간이 들고 난 몰골이 횡하다
내 추억의 꽃나무는
동트는 햇살에 더욱 화사하게
그렇게 환한 미소로 남아 있는데 (…)　　　　－「꽃잎」 중에서

　꽃잎을 보고 스치는 생각을 자연스레 써 내려가는 가운데 인생을 은유적으로 대입시키는 구성이 돋보이며 작가의 생에 대한 깊은 관조가 엿보이면서 잔잔한 감동으로 가슴을 촉촉하게 한다.
　노년에 접어들었음에도 젊은이들 못지않게 새로운 것에 대한 적응과 도전을 끊임없이 이어가는 이야기를 글감으로 하고 그 전 편 속에 자신의 생각이 드러나지 않고 흐르게만 하다가 결말 부분에 와서 주제를 확실하게 형상화 시키고 있다. 「편리미엄 누리기」는 정보를 제공하는 수필의 기능을 충실히 해내고 있는 작품이다.

　정보화 기기의 급속한 진화에 맞춰서 문학 활동 등에서도 국내외적으로 폭넓게 분포된 유명 문학작품뿐만 아니라 미술 음악 건축 등 여러 방면에서 다양하게 적응하면서 편리미엄의 보폭도 광범위하게 넓혀가고 있는 거 같다. 다만 아무리 좋은 정보기기나 인공지능(AI)의 역할이 크게 발전하여도 그것들을 어떻게 효율적으로 이용하면서 편리미엄을 내가 누리는 것은 또 다른 이야기다. '구슬이 서 말이라도 꿰어야 보배'라는 속담이 있다. 아무리 내 손안의 휴대폰이 수많은 편리한 기능을 가졌더라도 그 편리미엄을 누리려면 번거롭고 귀

찮지만, 구슬을 실에 꿰어야 하듯 정보화 기기의 기능들도 하나하나씩 익혀야 하는 것은 어쩌면 이 시대를 살기 위한 기본적인 필수사항인 것 같다. -「편리미엄 누리기」중에서

수필가 이한재는 사람 냄새가 나는 수필을 쓴다. 평이한 표현 속에 진솔한 삶의 향기를 그윽이 담고 있는 것이 이한재의 수필이라 할 수 있다. 그리움을 말하는데 고향집을 떠올리거나 어린 시절의 어떤 추억담을 불러내서 주제를 담는 글들은 우리가 많이 대하게 되는 글감이어서 식상하기 쉬운 단점이 있다. 이한재는 똑같이 후각을 통해서 느끼는 향내와 냄새라는, 같은 듯하나 감정적으로 다른 두 개념 안에 자신의 주제를 잘 담아내고 있다. 그러면서 그 안에서 자신의 젊은 날의 향내가 그리워진다고 글을 맺음으로써 가치의 소중함과 그리움의 서정을 한데 버무려 어떻게 살아야 할까를 무언으로 가리키는 일석이조의 효과를 낸 수작이다.

깊은 숲속 바람 냄새나 청량하고 조금은 쓸쓸하게 느껴지는 초가을 냄새가 있는가 하면 장미나 라일락처럼 진한 향내 등 헤아릴 수 없이 많다. 포근한 냄새나 소박하고도 싱그럽고 아늑한 냄새 등도 있다. 유아나 어린이 젊은이 또는 아내와 남편 그리고 어머니와 아버지의 고유한 냄새가 있으며 배움이 많고 믿음이 가는 훈장 냄새나는 사람도 있고 부자나 가난뱅이 또는 허풍쟁이 냄새를 풍기는 사람들도 있다. 아마도 모든 사람은 육신으로부터와 성질이나 낌새로부터의

냄새가 혼합된 각기 저마다의 고유한 냄새가 있을 것이다. 다만 우리는 온갖 종류의 미세한 냄새를 느끼지 못하거나 그냥 무관심하게 지나치다가 그것을 잊혀 가며 살 뿐이다.
 이 화창한 봄날에 싱그럽게 갓 피어나던 내 젊은 날의 향내가 그리워진다.          -「향내와 냄새」중에서

 수필은 일상 속에서 우연히 스치는 아주 작은 일을 글감으로 해서 거기에 거대담론을 주제로 녹여 낼 수 있을 때 그것이 바로 대어가 되는 그런 문학이라 할 수 있다. 이한재의 수필이 바로 그런 글들이라 할 수 있다. 세계 도처의 이국적 풍광을 그저 보고 느낀 대로 써 내려가다가 삶의 절묘한 변곡점과 흡사한 것을 놓치지 않고 주제로 삼는 데 성공한다. 방충망에 걸린 미물 하나의 관찰에서 바로 자신의 모습과 흡사하다고 실토하면서 삶이라는 거대담론을 무리 없이 담아낸 수필이「숨 쉰다는 것」이다.

 창문을 열고 닫다 보면 이따금씩 집 안에 들어온 파리 한 마리가 방충망에 막혀 밖으로 나가지 못하고 안절부절 어쩔 줄을 모른다. 측은한 생각에 파리채 대신 방충망을 반쯤 열어 밖으로 나갈 통로를 만들어주었지만 내 예측은 빗나갔다. 방충망에 구멍이라도 낼 듯이 그저 방충망만 움켜잡고 온몸을 떨며 나가려고 발광한다. 열린 쪽은 아예 거들떠보지도 않고…. 누군가 저 높은 데서 내려다보면서 어쩌면 그리도 너를 닮았냐고 하실 것 같다.  -「숨 쉰다는 것」중에서

이한재의 수필은 삶을 순리와 긍정으로 보는 시각에서 비롯되고 이어진다. 극심한 무역 경쟁의 현장에서 그런 유연한 대처가 그에게 많은 것을 성취할 수 있게 도와준 일등공신이 아니었나 생각된다. 그는 「터 잡기와 기다림」이라는 수필에서 터를 잡는 것도 중요하지만 그 터 위에 무언가가 지어질 때까지를 기다려야 결과를 보는 것처럼 세상만사가 그와 같음을 낚시터와 낚시를 비유해서 잘 그려나가고 있다. 이것은 순리와 심리적으로 긍정적 시각을 갖고 있을 때 가능한 이야기를 쓰고 있다. 아주 작은 일상에서 삶의 이치라고 하는 인생담론을 주제로 담아내고 있다.

삶의 생존경쟁에서 이기고 지는 일은 다반사다. 사람과의 인연뿐만 아니라 일터와의 인연도 선연(善緣)이 되기도 하고 악연이 될 수도 있다. 그러나 지금까지 살면서 대인관계나 터와 관련된 인연들을 돌이켜 보면 끝까지 기다리며 최선을 다하는 사람들이 종국에는 선연으로 이루어지는 경우가 더 많았다. 내가 배정받았던 낚시터가 비인기 지역이었던 것처럼 지금까지 삼십오여 년을 살고 있는 현재의 아파트도 분양 당시에는 비인기 아파트였다. 서울시가 88서울올림픽을 앞두고 선수와 기자들의 숙소로 사용하려고 분양하였으나 인기가 없어서 처음에는 미분양 되었다. 일부 입주자들은 당첨되어 입주하였으나 전망이 없다고 다른 곳으로 이사를 했다. 나 역시 마음이 흔들렸으나 그냥 머물렀는데 매사에 한번 인연을 맺으면 매정하게 끊지를 못하는 우둔한 생각이 한몫을 한 것 같다.

중국 고사에서 강태공은 큰 뜻을 품고 웨이수이 강가에 빈 낚시를 드리워놓고 때 오기만을 기다렸다고 한다. 세상만사에 인연과 선연 그리고 악연은 기다림의 선택에서 비롯되는 듯하다.
- 「터 잡기와 기다림」 중에서

이렇게 작은 일에서 큰 의미를 찾아내는 글들이 많은 것이 이한재 수필 세계의 한 축이기도 하다. 반려식물을 기르면서 그 속에서 삶의 진수를 찾아내는 혜안이 가슴을 따뜻하게 한다.

열심히 가꾼 후에 드디어 황홀한 자태로 꽃망울을 터트리며 우리와 첫눈을 맞출 때의 희열이란 그 무엇과도 비교할 수가 없다. 식용 허브 바질은 화분에서 키우면서 잎사귀를 따서 토마토 파스타 등의 음식 위에 소스처럼 향료로 넣기도 한다. 또한 공기정화식물들은 푸른 숲을 제공하며 미세먼지 등을 제거하는 공기정화기 역할까지 하고 있다. 반려식물과 함께하는 삶, 생각만 해도 마냥 즐겁고 보람을 느낀다.
- 「생활 속의 반려식물」 중에서

이한재 수필이 순리를 주제로 한 글로 「파도」를 빼놓을 수 없다. 유치환의 시로 시작되는 이 작품은 파도와 관련된 자신의 체험을 쓰고 파도에서 순리를 체득함을 말하고 자신의 자작시로 마무리함으로써 시를 인용했지만, 자신의 시이기 때문에 그것으로 무리 없이 주제를 마무리하는 구성을 택했다.

어쩌면 인생행로에서 거친 파도를 순리대로 헤쳐 나가려면 누구에게나 사물을 꿰뚫어 보는 안목과 식견이 있어야 하듯 지피지기(知彼

知근 상대의 사정과 나의 사정을 자세히 앎)의 지혜도 필요함을 자주 느꼈다. 그리고 영시 「Surfing(파도타기)」을 써서 영시집 『Korea My Homeland(코리아 나의 조국)』에 싣기도 했다.

### Surfing(서핑)

I am surfing today, in the middle of the boundless Pacific./ Surfing on the rough waves./ Though I am exposed to rain and wind everyday I continue surfing.// (하략)

나는 오늘 끝없이 넓은 태평양 한가운데서 서핑을 하고 있다/ 거친 파도를 타고 넘는 서핑/ 비와 바람 속에서도 나는 서핑을 계속한다// (하략)
- 「파도」 중에서

이한재는 세태를 가감 없이 담아내고 그런 문제에 대한 바람직한 의견을 주제로 잘 다룬다. 그는 「호칭하기」에서 세태의 변화와 불편한 사람들의 속내와 바람직한 의견을 결말에 담아냄으로써 격조 있게 세태를 풍자하고 한편으로 자신의 건의를 자연스레 풀어내고 있다. 수필의 유익을 주는 기능을 다하고 있는 작품이라 할 만하다.

원만한 사회생활을 위해서 상대편에 맞춰서 시의적절한 호칭을 사용하는 것은 생각할수록 헷갈리고 복잡하다. 다만, 호칭에는 특별한 공식이 있는 것도 아니며 우리가 서로 지켜야 할 기본적인 예의이고 사회문화의 일환이므로 호칭할 때는 상대와 모두를 편안하게 하면서도 존중하는 마음으로 부르면 좋을 것 같다.   -「호칭하기」 중에서 세상사는 지혜를 문학에서 품어주는 전형이라 할 수 있다. 이한재 수필의 무대는 넓고 넓은 오대양 육대주이지만 원천은 역시 고향이다. 어린 시절 가난하던 이야기도 가감 없이 풀어내되 아픔이 없다. 그만큼 매사를 긍정과 순리로 보고 자신의 노력으로 일가를 세웠기에 가능한 일이다. 매사에 조용하게 말하고 있지만 거침이 없다.

　유년 시절 고구마를 김치와 곁들어 먹거나 약간의 보리밥과 섞어서 고구마보리밥을 지어 먹으면 훨씬 부드러웠다. 다만 보리와 고구마의 비율에 따라서 밥의 맛과 색깔도 달라진다. 익은 고구마 속은 노르스름하지만 껍질이 붉그스레하므로 고구마밥도 그렇게 보인다. 초등학교 때 가장 싫지만 먹어야 했던 것이 고구마보리밥 도시락이었다. 친구들과 도시락을 먹으면 밥의 색깔이 애들과 달랐기에 점심 때가 되면 부끄러움에 혼자서 교실 귀퉁이에서 먹은 적이 많았다. 부잣집 애들은 흰쌀밥에 고기반찬을 가져와 자랑했지만 나는 소위 말하는 꽁보리밥도 아닌 붉그스레한 고구마보리밥 도시락을 친구들 앞에서 여는 것은 너무나 창피하고 싫었다. 요즘은 고구마가 아주 좋은 건강식으로 인식되고 있으니 격세지감을 많이 느낀다. (중략)
　세 끼 꼬박 고구마만을 먹었을 때는 고구마에 질리고 물려서 싫증이 나기도 했지만 요즘은 고구마를 대하면 고향 친구처럼 어쩐지 친근감이 있고 마음이 편하며 포근해짐을 느낀다. 아내가 가져다준 고구마 접시에서 모락모락 김이 난다. 안개처럼 퍼지며 정다운 고샅길이 앞서간다. 그래 좋지, 고향이다.　　　-「고구마 추억」중에서 이한재는 또 「고향과 타향」이라는 수필에서 고향에 대한 추억과 정서를 그려내고 자신의 뿌리에 대해 설명하고 있다. 고향을 사랑하되 오래 살아온 제2의 고향 서울이 타향인가에 대해서도 솔직한 심경을 잘 밝히면서 고향 사랑에 대한 주제를 잘 형상화시키고 있다.

네 고향이 어디냐고 묻는다면 서슴없이 나주라고 대답하지만 서울이 타향이냐라고 묻는다면 망설여진다. 정보화 현대사회의 비좁은 나라에서 고향과 타향의 구분이 무의미하겠지만 노래 가사처럼 '타향도 정이 들면 고향'이라는 말은 과연 '향수를 달래려고' 하는 거짓말일까를 되새겨 보기도 한다. 　　　　　　　　　-「고향과 타향」 중에서

수필의 진수는 솔직함과 진솔함이다. 이한재는 자신의 어린 시절에 가난과 싸웠던 일들을 솔직하고 진솔하게 담아내고 그 힘들었던 추억 속에서도 온고지신이라는 귀한 가치를 찾아내는 깊은 사유를 엿볼 수 있어 그의 수필이 전하는 주제에 깊은 울림을 갖게 해 준다.

모옌의 어린 시절 경험담 일부는 나의 유년 시절의 경험과 비슷하기도 했다. 내가 초등학교 4학년 여름방학 동안에 집안이 빈곤하여 공사장에서 자갈을 망치로 깨는 막노동을 해야 했다. 농촌 마을 하천에 콘크리트 다리를 건설하며 다량의 자갈이 필요했기에 석산에서 가져온 큰 바윗덩어리를 어른들이 중간 덩이로 깨면 아이들이 자갈 크

기로 깨는 일이었다. 깬 자갈을 나무 상자에 가득 채워야 저녁때 그 날의 일당이 나오므로 쉬지 않고 계속하여 깨야 했다. 어쩌다 한눈팔 다가 잘못으로 내 손가락 마디를 때려서 피가 몹시 나고 멍이 들 때 가 많았고 그때마다 며칠간은 아파서 잠도 제대로 못 잤지만 낮 동안 은 망치질을 계속해야 했다. 지금도 내 왼손에 남아 있는 그때 상처 의 흉터를 보면 어린 시절 추억이 아려온다. －「온고지신」중에서

추억을 오로지 추억으로 담고 있을 뿐 처량함이나 서글픔의 그림자가 느껴지지 않을뿐더러 가난까지도 그에게는 아름다운 추억으로 그려지는 멋진 서정이 전해진다. 이한재의 수필은 은은 하게 가족 사랑을 담아내고 있다. 「수평선과 갈매기」에서는 자연 풍광에서 오는 감동과 정서를 조용히 담아내고 있다. 그는 수평 선을 멀리 보고 거기 나는 갈매기를 보면서 멀리 볼 때 아름답 다고 노래하면서 자신의 손주들이 멀리 보는 사람들이 되기를 소망하는 것으로 글을 빚고 있다. 미래를 밝게 보고 소망이라는 주제를 잘 담아내고 있는 수작이다.

우뚝하니 무아지경으로 심취하며 바닷가에 서 있을 때 우리 속담 '갈매기도 제집이 있다'와 미국 소설가 리처드 바크의 소설 『갈매기 의 꿈』에서 '가장 높이 나는 갈매기가 가장 멀리 본다(The gull sees farthest who flies highest)'는 구절이 긴 여운을 남기며 스쳐 갔다. 손주들을 쳐다보며 저 아이들이 아주 멀리 보는 사람들이 되기를 바 라는 마음이 간절해진다. 노을은 그런 마음을 더욱 붉게 물들이고 있 다. －「수평선과 갈매기」중에서

그의 사랑은 가족이나 자신에게만 머물러 있는 것이 아니라 온 세상과 만물이다. 사랑과 선행을 말하면서 요즘 사랑의 온도탑이라는 세태를 도구로 가져와서 생동감 넘치는 글로 사랑을 전하고 있다.

'선행을 하고도 말하면 그것은 죽은 선행이다'라는 아랍 속담이 있는가 하면 독일 속담에는 '선행의 보상은 선행 그 자체에 있다'라는 속담도 있다. 조그마한 기부나 봉사라도 자발적으로 할 때 행복을 가져다주는 것 같다. 종교 단체 등에서 불우이웃과 지적장애인을 위한 바자회 등의 봉사활동을 하면서 보람을 느끼며 영육 간에도 많은 보상을 받고 있는 것 같다.
연말 도심에 세워진 사랑의 온도계를 생각할 때마다 나의 '사랑의 온도는 몇 도나 될까?'를 되새겨본다. 우리 모두 사랑의 온도 저체온증에는 걸리지 말았으면 좋겠다.
 -「사랑의 온도는 몇 도나 될까?」 중에서

수필은 작가의 깊은 관조를 통해 주제가 형상화되는 문학이다. 이한재의 작품이 전체적으로 세상만사를 평이하게 보는 듯하면서 잔잔하게 깊은 관조를 통한 주제가 형상화되는데 행복에 대한 그의 재해석은 깊이 있는 관조가 어떤 것인가를 무언으로 보여주는 좋은 예라 하겠다.

'사람은 행복하기로 마음먹은 만큼 행복하다'고 한다. 하찮은 일도 감사할 줄 알 때, 조그마한 일이라도 자원 봉사할 때 행복을 가져다준다고 한다. 고등학교 1학년 겨울방학 때 해남 산이면의 바닷가 어촌에서 어린이들을 위해 적십자사 봉사 활동했던 추억이 아련하다. 2주간 아주 작은 봉사였지만 오랫동안 행복하다.

　세밑이 가까워져 오면서 지난 한 해를 되돌아보면 자꾸만 허전하고 아쉬운 마음뿐이다. 새해에는 취미나 동아리 활동 못지않게 보다 낮은 자세로 불우한 이웃이나 장애인 그리고 지역 난치병 환자 돕기 등의 봉사활동에도 더 열심히 참여해야겠다. 문화예술이나 건강에 관련된 취미도 이기(利己)만이 아닌 이타(利他)를 위한 봉사활동으로 더 많이 헌신해야겠다.　　　-「마음먹은 만큼 행복하다」중에서

세상만사가 마음먹기에 달렸다는 것을 모를 사람이 어디 있겠는가? 다만 그것을 실천해서 매사를 긍정적으로 보기는 선택한 사람만이 누릴 수 있는 행복임을 설파하고 있다.

　이한재는 꽃잎에 써서 묻는 안부에서 한국전쟁 중 의용군에 간 후 소식을 모르는 형님에 대한 진한 그리움과 통일에 대한 열망을 잘 담아내고 있을뿐더러 세계를 누비는 글들 속에 은은히 배어 있는 애국심이 그의 수필의 큰 버팀목이다.

　사랑과 성찰, 그리움과 사랑, 순리와 긍정이 그가 살아가는 기본이고 방식이다. 그것이 오롯이 그의 작품세계를 이루고 있다. 담담한 글솜씨가 독자의 마음을 아주 천천히 따스하게 덥혀준다.

국제PEN한국본부
창립70주년기념 산문선집 18

## 수평선과 갈매기

발행일  2024년 4월 25일

지은이   이한재

발행인   강병욱
발행처   도서출판 교음사

03147 서울 종로구 삼일대로 457 수운회관 1308호
Tel (02) 737-7081, 739-7879(Fax)
e-mail : gyoeum@daum.net
등록  /  제2007-000052호

* 잘못된 책은 바꿔 드립니다. 값 13,000원

ISBN 978-89-7814-980-8  03810


- 이 책 내용의 전부 또는 일부를 재사용하려면 저작권자와 교음사의 동의를 받아야 합니다.
  지은이와의 협의 하에 인지는 생략합니다.